AULA 1
INTERNACIONAL

D1737413

GRAMMAR AND
VOCABULARY
COMPANION

AULA 1 INTERNACIONAL

CURSO DE ESPAÑOL NUEVA EDICIÓN

GRAMMAR AND VOCABULARY COMPANION

Authors: Teresa Alonso Cortés, Marina Rabadan Gómez
with exercises based on exercises created by Núria Murillo and Sergio Troitiño **Educational supervisor:** Pablo Garrido

Coordination and edition: Paco Riera Arteaga

Design: Besada+Cukar

Layout: Paco Riera Arteaga, Aleix Tormo

Illustrations: Alejandro Milà **except:** Roger Zanni (pages 45 and 64)

Photographs:
cover François Philipp/Flickr; **unit 1** page 12 Vykkdraygo/Dreamstime, Dio5050/Dreamstime, Roberto Pirola/Dreamstime, Vasabii/Dreamstime, Greenland/Dreamstime, www.singladura.net, Rangizzz/Dreamstime, Marek Uliasz/Dreamstime, Lim Seng Kui/Dreamstime, Ijansempoi/Dreamstime, Victor Georgiev/Istockphoto; **unit 2** page 18 Sandro Bedini (Sophie, Noam y Florent), Núria Murillo (Stéphane y Chloé, Henrique), page 23 Arbaes/Dreamstime, Andrés Rodríguez/Dreamstime, Natursports/Dreamstime, Tyler Olson/Dreamstime, Aleksander Bedrin/Dreamstime, Lexa1112/Dreamstime, SandraRBarba/Dreamstime, Konstik/Dreamstime, Shotsstudio/Dreamstime, PeJo29/Dreamstime; **unit 3** page 27 Tomas Fano/Flickr; **unit 4** page 33 Juri Samsonov/Dreamstime, Andrejsv/Dreamstime, Evatelova/Dreamstime, Hunk/Dreamstime, Zbigniew Kosmal/Dreamstime, Gordana Sermek/Dreamstime, Ksena2009/Dreamstime, page 34 Citalliance/Dreamstime; **unit 5** page 41 Maxriesgo/Dreamstime, Mauricio Jordan De Souza Coelho/Dreamstime; **unit 6** page 49 Sandro Bedini (Natalia Aparicio), Mangostock/Dreamstime (Berta Rodrigo); **unit 7** page 56 Sfumata/Dreamstime, page 57 Monkey Business Images/Dreamstime, page 60 Sandro Bedini; **unit 8** page 65 PictFactory/Flickr, page 66 Jordi Payà/Flickr; **unit 9** page 77 Roberto Giovannini/Dreamstime

Audios: Mireia Aliart, Olatz Larrea, Núria Murillo, Javier Príncep

Acknowledgements: Gary Kealy

© The authors and Difusión, C.I.P.I. Barcelona 2014
ISBN: 978-84-15846-88-8
Legal deposit: B 21669-2014
Reprint: december 2017
Printed in Spain by Mundo

difusión
Centro de
Investigación y
Publicaciones
de Idiomas, S. L.

C/ Trafalgar, 10, entlo. 1ª
08010 Barcelona
Tel. (+34) 93 268 03 00
Fax (+34) 93 310 33 40
editorial@difusion.com

www.difusion.com

AULA INTERNACIONAL 1

GRAMMAR AND VOCABULARY COMPANION

ÍNDICE

5 UNIDAD 5 / TUS AMIGOS SON MIS AMIGOS

6 UNIDAD 6 / DÍA A DÍA

MP3 audios and solutions to the exercises: difusion.com/aulaint1_gvc

GRAMÁTICA

1. Match the elements on both columns and you will get the most frequent questions in a classroom.

1. ¿Puedes			**a.** se escribe "hola"?
2. ¿Qué quiere			**b.** significa "escribir"?
3. ¿Cómo se			**c.** repetir, por favor?
4. ¿Cómo			**d.** decir "casa"?
5. ¿Qué			**e.** dice "friend"?

2. These are some of the instructions that you can find on *Aula Internacional* 1 and that your teacher will give you along your course. Do you know what they mean? Translate them into English.

1. Completa el texto con las formas adecuadas. ....

2. Relaciona los elementos de las columnas. ....

3. Escribe los verbos. ....

4. Marca la respuesta correcta. ....

5. Lee el texto y subraya las opciones correctas. ....

6. Forma frases como la del ejemplo. ....

7. Clasifica estos verbos en la tabla. ....

8. Escucha y marca. ....

9. Traduce. ....

3. Continue these questions.

años tienes?	se dedica Julia?
significa "mesa"?	sois?
te llamas?	

1. ¿De dónde ....

2. ¿Cómo ....

3. ¿Qué ....

4. ¿Cuántos ....

5. ¿A qué ....

4. Match the following answers with the questions of exercise 3.

a. Mario. ¿Y tú?

b. Yo soy ruso y Florian es alemán.

c. Es periodista. Trabaja en un periódico digital.

d. *Table.*

e. Diecisiete.

a.	b.	c.	d.	e.
2				

5. Gary is learning Spanish and he has written the following text. Can you help him and correct his mistakes? There are 6 mistakes.

> ¡Hola! Me llamo es Gary, soy un periodista y estudio español en Liverpool. Soy de irlandés pero vivo en Liverpool porque mi mujer es Inglaterra. Ella es llama Kate y es 36 años, como yo.

 REMEMBER!

We use the verb **llamarse** when we want to say somebody's name. It's a reflexive verb and, therefore, always comes with a pronoun (**me**, **te**, **se**, **nos**, **os**, **se**) before the conjugated verb:
▶ ~~Llamo Conor~~. > **Me llamo** Conor.
▶ ~~Mi profesora llama Pilar~~. > Mi profesora **se llama** Pilar.

When you want to say where you are from, you have two options:
▶ **ser** + **de** + (name of the country):
Penélope Cruz **es de España**.
▶ **ser** + (nationality):
Penélope Cruz **es española**.

Remember that in Spanish, nationalities are written in small letters and not with a capital letter like in English:
~~Soy Irlandés~~. > **Soy irlandés**.

To talk about your age in Spanish, we use the verb **tener** (to have) and not **ser** (to be) as we do in English:
~~Soy 24 años~~. > **Tengo** 24 años.

In Spanish you do not need an article (**un/a**) when you describe what your job is:
~~Soy un medico~~. > **Soy** médico.

VERBS IN SPANISH

A verb is a "doing" word which describes what someone or something does or is.
Verbs are either:
▶ Regular: their forms follow the normal rules
▶ Irregular: their forms do not follow the normal rules

In Spanish, verbs are conjugated in three different ways depending on their endings: **-ar** (first conjugation), **-er** (second conjugation) and **-ir** (third conjugation).

6. Fill in the verbs with the correct ending for the **infinitivo** forms.

`-ar` `-er` `-ir`

1. trabaj.........
2. estudi.........
3. viv.........
4. s.........
5. ten.........
6. viaj.........

7. cocin.........
8. escrib.........
9. le.........
10. bail.........
11. cant.........
12. esqui.........

SER / TENER

Ser (to be) and **tener** (to have) are two useful verbs. They are irregular.

	SER	TENER
(yo)	soy	tengo
(tú)	eres	tienes
(él/ella/usted)	es	tiene
(nosotros/-as)	somos	tenemos
(vosotros/-as)	sois	tenéis
(ellos/-as/ustedes)	son	tienen

7. Who are the following verbs referring to? Indicate which option is correct in each case.

	YO	TÚ	ÉL / ELLA / USTED	NOSOTROS / NOSOTRAS	VOSOTROS / VOSOTRAS	ELLOS / ELLAS / USTEDES
TIENEN						X
SOMOS						
TIENES						
ERES						
TENEMOS						
SOIS						
TENGO						
SOY						
ES						
TIENE						
SON						
TENÉIS						

8. What verb goes with each word: **ser** or **tener**?

SER	TENER	
X		italiano
		40 años
		correo electrónico
		periodista
		español
		móvil
		diseñador gráfico
		francesa
		de Venezuela

9. Javier lives in Madrid and is throwing a party at his house. Fill in the dialogues with the correct forms of **ser** and **tener**.

1

- Hola, me llamo Javier, ¿y tú?
- Yo, Arthi.
- ¿De dónde .... ?
- .... india, de Nueva Delhi.

2

- ¿ .... de Madrid, Laura?
- No, ... de Valladolid, pero trabajo aquí, en Madrid.
- Ah... ¿Y a qué te dedicas?
- .... arquitecta. ¿Y tú?

3

- Hola, ¿qué tal? Me llamo Markus.
- Hola, yo .... Molly y él .... Mike.
- ¿De dónde .... ?
- Estadounidenses. ¿Y tú?
- Yo, alemán.

4

- ¿Cuál .... tu número de móvil?
- ○ No .... móvil en España...
- ¿Y .... correo electrónico?

5

- Hola, ... Álvaro y Markus.
- ○ Ah, hola. Yo me llamo Marta. Trabajo con Javier en el hospital.
- Ah, ¿.................... enfermera, como Javier?
- ○ No, ... médica.

GENDER: NATIONALITIES

In Spanish there are two genders: masculine and feminine. When we are saying where somebody or something is from, their nationality will vary according to whether they are male or female:

Sean Connery es escocés.   *Annie Lennox es escocesa.*

10. Fill in the following nationalities with the correct ending.

-o / -a	-í
-és / -esa	-ano /-ana
-ense	-eño/-eña

♂	♀
francés	francesa
suec	suec ....
argentin	argentin ....
estadounid	estadounid ....
gal	gal ....
australi	australi ....
neozeland	neozeland ....
itali	itali ....
brasil	brasil ....
ingl	ingl ....
marroqu	marroqu ....

As you have seen in the last exercise, there are different endings when talking about nationalities.

Nationalities ending in **-o** in the masculine change to **-a** for the feminine:

Valentino es un diseñador italiano.   *Sofía Loren es italiana.*

Nationalities ending in **-a**, **-e** or **-í** in the masculine do not change for the feminine:

*Mi amigo Jacques es **belga**.*   *Mi amiga Audrey es **belga**.*
*Jim Carrey es **canadiense**.*   *Céline Dion es **canadiense**.*
*Mi amigo Hassan es **marroquí**.*   *Mi familia es **marroquí**.*

Nationalities ending in a consonant add **-a** for the feminine. If there is an accent on the final vowel in the masculine, they lose this in the feminine:

Antonio Banderas es español.   *Penélope Cruz es española.*
Michael Schumacher es alemán.   *Heidi Klum es alemana.*
Bono es un músico irlandés.   *Enya es una cantante irlandesa.*

GENDER: PROFESSIONS

Just like we have seen with nationalities, the endings of professions change depending on whether the person we are referring to is a man or a woman:

Mario es abogado.   *Cristina es abogada.*

11. Fill in this table with Pedro's and Susana's jobs.

Pedro es:	Susana es:
enfermero	
	dentista
profesor	
	arquitecta
estudiante	
	actriz
empresario	
	camarera
futbolista	

12. Fill in the following sentences and you will have the rules to understand the gender in nationalities and professions.

- If the masculine ends in **-o** (for example ....), the feminine ends in ..... (for example ....).
- If the masculine ends in a vowel other than **-o** (for example .... , ... or ....), the feminine ends in ....
- If the masculine ends in a consonant (for example ....), we need to add ..... for the feminine.
- Some are irregular, like **actor**, whose feminine is ....

VOCABULARIO

13. Write the names of these objects.

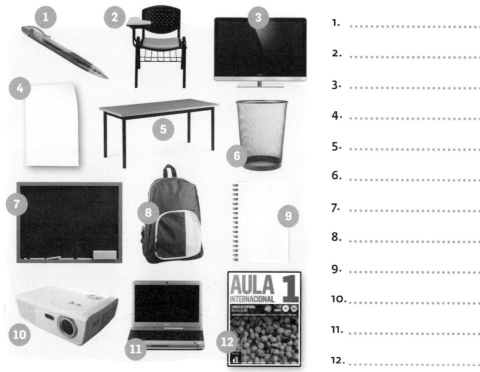

1. ....
2. ....
3. ....
4. ....
5. ....
6. ....
7. ....
8. ....
9. ....
10. ....
11. ....
12. ....

14. Write the following professions which have been spelled for you in Spanish.

1. Ce, o, ce, i, ene, e, erre, o: ....

2. E, ese, te, u, de, i, a, ene, te, e: ....

3. De, i, ese, e, eñe, a, de, o, erre: ....

4. Ese, e, ce, erre, e, te, a, erre, i, o: ....

5. Pe, e, erre, i, o, de, i, ese, te, a: ....

6. Ce, a, eme, a, erre, e, erre, o: ....

7. E, ene, efe, e, erre, eme, e, erre, o: ....

8. Pe, erre, o, efe, e, ese, o, erre: ....

NUMBERS FROM 0 TO 100

Remember that numbers up to 30 are written as one word: **ocho**, **dieciséis**, **veintidós**, **veintinueve**, etc. From 30 onwards, they become three words: **treinta y uno**, **cuarenta y dos**, **sesenta y siete**, **noventa y cuatro**, etc.

Uno and all numbers ending in **uno** (**veintiuno**, **treinta y uno**, **cuarenta y uno**, etc.) become **un** before a masculine single noun: ~~Tengo **treinta y uno** años.~~ > *Tengo **treinta y un** años.*

15. Read the following numbers and write the opposite number like in the example.

1. Treinta y cinco: 35 – 53: cincuenta y tres
2. Cuarenta y dos: ....
3. Veintinueve: ....
4. Ochenta y seis: ....

5. Cincuenta y siete: ....
6. Trece: ....
7. Setenta y ocho: ....
8. Dieciséis: ....

16. Write down the following ages of these people and then complete the sentences.

JOHN: seis + seis + seis	=	
EVA: tres x diez	=	
SUKIO: treinta y cuatro – cuatro	=	
ALICE: nueve x dos	=	
JELENA: tres x siete + uno	=	
ATUL: treinta y nueve + cinco	=	
ROSALINDA: cuarenta y cuatro + diez	=	

1. .... tiene 22 años.
2. .... tiene 44 años.
3. .... tiene 54 años.
4. Eva y .... tienen 30 años.
5. .... y Alice tienen 18 años.

NOSOTROS

SONIDOS Y LETRAS

Remember that the letters of the alphabet are feminine: **la a**, **la be**...
To know which consonants are double, remember the name **Carolina**.
Those (**c, r, l, n**) are the only consonants in Spanish which are double.

VOWELS

Make sure you do not pronounce a single vowel with two vowel sounds:
▶ **a**: pronounced like the **a** in *father* but shorter.
▶ **e**: pronounced like the **e** in *let*.
▶ **i**: pronounced like the **i** in *machine*.
▶ **o**: pronounced like the **o** in *more*. Make sure you do not make a /ow/ sound.
▶ **u**: pronounced like the **oo** in *pool* but shorter. Do not make a /yu/ sound.

CONSONANTS

In general, every letter corresponds to a sound and every sound corresponds to a letter but there are some exceptions:

The letter **c** has two sounds:
▶ /k/ (pronounced like the **k** in *king*), before **a**, **o**, **u** and at the end of a syllable: **casa**, **copa**, **cuento**, **acto**.
▶ /θ/ (pronounced like **th** in *nothing*; or like /s/ in Latin America and some regions of Spain), before **e** and **i**: **cero**, **cien**.

The letter **g** has two sounds:
▶ /x/ (pronounced like the Scottish **-ch** in *Loch Ness*), before **e** and **i**: **general**, **gimnasio**.

▶ /g/ (pronounced like the **g** in *gate*), before **a**, **o** and **u**: **gato**, **gorro**, **gustar**. Before the letters **e** and **i**, the sound is spelled **gu** (the **u** is silent): **guerra**, **guitarra**. To show that the **u** is pronounced, two dots are added above the **u**: **lingüística**, **bilingüe**.

▶ **h** is never pronounced: **hola**, **hotel**.

▶ **j** always corresponds with the sound /x/. It is usually followed by **a**, **o** and **u**: **jamón**, **joven**, **juego**. Sometimes it is followed by **e** and **i**: **jefe**, **jinete**.

▶ **ll** can be pronounced in a number of different ways depending on the region but most Spanish speakers pronounce it like the **y** in *you*.

▶ **qu** corresponds with the sound /k/. These letters are always followed by **e** or **i**: **queso**, **química**. The **u** is always silent.

▶ **r/rr** corresponds to a strong rolled sound when it is the first letter of a word (**rueda**) and when it is doubled (**arroz**).

▶ **v** and **b** are pronounced the same.

▶ **w** is only found in words from other languages. It is pronounced like **gu** or **u** (**web**). Sometimes it is pronounced like **b**: **wáter**.

▶ **z** corresponds to the sound /θ/. It is always followed by **a**, **o**, **u** or at the end of a syllable or word (**zapato**, **zona**, **zurdo**, **paz**).

 17. Listen to the following words and circle the ones you hear.

cuatro	cuarto
ceso	queso
perro	pero
caña	cana
lama	llama
me	mi

18. Repeat the words from exercise 17 out loud, paying close attention to their pronunciation.

14 | catorce

19. Listen and write down these words containing letter **g**.

1. ....solina
2. ....to
3. ....tarra
4. ....bierno
5. ....sano
6. para.........as
7. co.........r
8. á.........l
9. á.........la
10. inteli.........nte

20. Write down the words that you hear:

1. casa
2. ....
3. ....
4. ....
5. ....
6. ....
7. ....
8. ....
9. ....
10. ....
11. ....
12. ....

EN COMPARACIÓN

EN ESPAÑOL	EN INGLÉS
1. Soy inglesa, de Leeds.	1. ....
2.	2. What's your name?
3. ¿Cuántos años tienes?	3. ....
4.	4. I'm an actor.
5. ¿Cómo se dice "*chair*" en español?	5. ....
6.	6. I'm thirty years old.
7. Una enfermera trabaja en un hospital.	7. ....
8.	8. I'm from Ireland.
9. ¿Qué significa "pizarra"?	9. ....
10.	10. Catherine Zeta-Jones is Welsh.

QUIERO APRENDER ESPAÑOL

GRAMÁTICA

SUBJECT PRONOUNS

SPANISH	ENGLISH
yo	*I*
tú	*you*
él, ella, usted	*he*, *she*, *you* (formal)
nosotros/-as	*we*
vosotros/-as	*you* (plural)
ellos/-as, ustedes	*they*, *you* (formal, plural)

As opposed to English, in Spanish the subject pronoun is not always used with the verb. It is only used to express contrast by highlighting the difference between the subject and other people mentioned in a sentence or when the absence of a subject pronoun might cause confusion, for example, in the third person:
Nosotras estudiamos Biología, ¿y vosotras?
Yo estudio Geología y ellas, Física.

Usted and **ustedes** are used when addressing people in a formal or respectful manner. We might use these forms when addressing our boss, someone who is elderly or people we do not know, although their use varies widely depending on the social and geographical context. These forms are second person but the verb and pronoun take the third person form.

The feminine plural forms (**nosotras**, **vosotras**, **ellas**) are only used when we refer to a group made up of only females. If there is at least one male member in the group, the masculine plural forms are used.

In Latin America **vosotros/-as** is barely used, in favour of **ustedes**, which is almost always used for the second person plural form.

1. Who are the following pronouns referring to? Indicate which option or options are correct in each case.

1. **Ellos** quieren hacer un curso de salsa.
a. María y Marta
b. Juan y Marta
c. Juan y Óscar

2. ¿**Vosotras** veis películas en español?
a. María y Marta
b. Juan y Marta
c. Juan y Óscar

3. **Nosotros** viajamos mucho.
a. María y Marta
b. Juan y Marta
c. Juan y Óscar

4. **Nosotras** tenemos muchos amigos argentinos.
a. María y Marta
b. Juan y Marta
c. Juan y Óscar

5. **Ellos** viven en Madrid.
a. María y Marta
b. Juan y Marta
c. Juan y Óscar

6. ¿**Vosotros** trabajáis un hotel?
a. María y Marta
b. Juan y Marta
c. Juan y Óscar

2. Fill in with the pronoun where necessary.

1
• Hola, ¿cómo te llamas?
◦ .... me llamo Daniel.

2
• Hola, ¿cómo os llamáis?
◦ Hola, ... me llamo Robert.
■ Y .... me llamo Helen.

3 • ¿Qué actividades queréis hacer el fin de semana?

○ .... quiero hacer el curso de teatro e ir de excursión a Sierra Nevada.

▪ Pues .... quiero hacer el curso de guitarra.

4 • ¿Qué quieres hacer este fin de semana?

○ .... quiero ir a la playa.

5 • ¿Qué haces para aprender español, Henrique?

○ .... leo libros en español y .... voy a países de habla hispana.

6 • ¿Qué idiomas hablas, Alexander?

○ .... hablo inglés, español, italiano y francés.

VERBS

As you saw on unit 1, there are:
▶ Regular verbs: the spelling of the root is always the same:
VIVIR > **vivo, vives, vive, vivimos, vivís, viven**.
▶ Irregular verbs: the spelling of the root is not always the same:
SER > **soy, eres, es, somos, sois, son**.

An example of an irregular verb in English is **to be** (**ser**), but in Spanish there are more irregular verbs. Some of them change completely, like **ser**, but some others change for one person only or just make a small change in spelling, like **tener** (**tengo, tienes, tiene**...).

3. Write down the present indicative endings for the following regular verbs, and then answer the questions.

	HABLAR	LEER	ESCRIBIR
(yo)	habl........	le........	escrib........
(tú)	habl........	le........	escrib........
(él/ella/ usted)	habl........	le........	escrib........
(nosotros/ nosotras)	habl........	le........	escrib........
(vosotros/ vosotras)	habl........	le........	escrib........
(ellos/-as/ ustedes)	habl........	le........	escrib........

a. Which two persons have different endings for verbs in **-er** and **-ir**?

.... and ....

b. Which person is conjugated the same in all three types of verbs?

....

4. Write the subject pronouns of the following sentences.

1.	¿A qué se dedica?	→	él, ella, usted
2.	¿De dónde eres?	→	
3.	¿Tienes móvil?	→	
4.	¿Es francés?	→	
5.	¿Cuántos años tienen?	→	
6.	¿Son arquitectos?	→	
7.	¿Es estudiante?	→	
8.	¿Es empresaria?	→	
9.	¿Sois italianas?	→	
10.	Trabajamos en un banco.	→	
11.	¿A qué se dedican?	→	
12.	Somos profesoras.	→	
13.	¿Sois periodistas?	→	

5. Write down the following verb forms.

1. visitar, ella:
visita
....

2. aprender, ellas:
....

3. escribir, vosotros:
....

4. ser, yo:
....

5. comer, ellos:
....

6. viajar, tú:
....

7. chatear, él:
....

8. vivir, nosotras:
....

9. comprender, usted:
....

10. estudiar, vosotras:
....

11. buscar, yo:
....

12. practicar, ustedes:
....

13. ver, nosotros:
....

14. cocinar, ellos:
....

15. escuchar, ella:
....

16. usar, yo:
....

6. The following people talk about their relationship with Hispanic culture. Fill in the blanks with the correct verb forms.

1. Sophie

.... español en Salamanca. En casa, ... películas en español, porque quiero .... el cine español y latinoamericano. Además, quiero .... mejor a los españoles cuando hablan y .... palabras nuevas.

| entender | ver | aprender (2) | conocer |

2. Stéphane y Chloé

Nosotros .... en Bruselas y .... un curso de salsa porque .... viajar a Cuba. No .... español, pero .... aprender un poco para nuestro viaje.

| vivir | hablar | hacer | querer (2) |

3. Henrique

.... brasileño y .... cada año a Argentina o a Uruguay para .... lugares interesantes. Allí .... mucho el español: .... con la gente, ... el periódico en español, ... la televisión...

| viajar | leer | hablar | descubrir |
| ser | practicar | ver |

4. Noam y Florent

Nosotros .... en Granada y .... compañeros de piso. .... cocineros y, a veces, en casa .... platos españoles.

| ser (2) | vivir | cocinar |

INTENTIONS

In Spanish, when we want to talk about intentions, about what we want to do, we use the following structure: **querer** + infinitive verb:
*Estudio español porque **quiero vivir** en México.*
*¿Qué **queréis hacer** en clase?*

Remember the verb **querer** is an irregular verb: **quiero, quieres, quiere, queremos, queréis, quieren.**

In Spanish, unlike in English, we do not need a preposition:
I want to study Spanish. > ~~Quiero a estudiar español.~~ > *Quiero **estudiar** español.*

7. Fill in the dialogues using the correct form of the verb **querer**.

1.
- ¿.................... ir al cine?
- Sí, vale, ¿y qué película vemos?
- Pues yo .... ver la nueva de Amenábar.

2.
- Laura y yo .... ir al Museo Picasso este fin de semana. ¿.................... venir con nosotros?
- Ah, sí, genial.

3.
- Marcos y Daniela .... aprender chino.
- ¿Sí? Carla también. .... vivir en China.

4.
- ¿Qué hacéis este fin de semana?
- No sé, Carlos .... ir de excursión a Sierra Nevada, pero yo no...

NOUN GENDER

8. Look at the following nouns and decide if they are masculine (**el**) or feminine (**la**) or both.

1. .... casa
2. .... profesor
3. .... cine
4. .... nacionalidad
5. .... museo
6. .... profesión
7. .... arte
8. .... mesa
9. .... historia
10. .... tenista
11. .... metro
12. .... madre
13. .... estudiante
14. .... atención
15. .... radio
16. .... televisión

9. Classify these nouns based on their endings. Write them out using the correct definite article (**el** o **la**).

garaje   foto   amor   ciudad
clima   mano   error   libertad
poema   paisaje   traducción   idioma
tema   radio   canción   sistema

		MASC	FEM
-ema / -ma		x	
-o			
-aje, -or			
-ción, -sión, -dad, -tad			

10. Classify these nouns. Use a dictionary where necessary.

noche   sol   gente
árbol   leche   día
móvil   café   suerte
clase   papel

MASCULINO	FEMENINO

11. Now fill in these rules to learn more about noun gender.

- Nouns ending in **-o** are usually ...maculine..... (for example ....), although there are some exceptions like ....

- Nouns ending in **-a** are usually .... (for example ....), although many nouns ending in **-ema** or **-ma** are ...., like ....

- Nouns ending in **-or** are .... (for example ....).

- Nouns ending in **-e** can be masculine (for example ....) or feminine (..................).

- Nouns ending in **-ción**, **-sión**, **-tad** and **-dad** are always .... (for example ...., ... and ....).

> **!** Keep in mind that a noun's gender also affects other words depending on it, such as articles and adjectives:
> **El** cine español
> **La** cocina española

NOUN NUMBER

The plural form of nouns is formed by adding an **-s** to the words ending in a vowel (**casa** > **casas**) or **-es** to words ending in a consonant (**ordenador** > **ordenadores**). If that consonant is a **-z**, the plural is spelled by replacing the **-z** with **-c-** (**lápiz** > **lápices**).

Keep in mind that the number affects the noun and other words depending on it, such as articles and adjectives:
La película española   **Las** películas españolas
El actor español   **Los** actores españoles

12. Write the plural form of these words in the corresponding column.

SINGULAR	PLURAL EN -S	PLURAL EN -ES
museo		
ciudad		
canción		
fiesta		
plato		
baile		
curso		
película		
excursión		
playa		

POR / PARA / PORQUE

13. Read the following sentences and decide if they express a reason (why?) or a purpose (what for?).

- Quiero estudiar español por mi trabajo.
- Quiero estudiar español para viajar a Sudamérica.
- Estudio español porque mi novio es peruano.
- Soy española pero vivo en Glasgow por amor.
- Veo la televisión de España para practicar mi español.
- Quiero ir a Barcelona porque quiero visitar la Sagrada Familia.

A REASON (Why?)	A PURPOSE (What for?)

In Spanish, **por** and **porque** are used to express a reason:

▶ **Por** is followed by a noun:
*Estudio español **por mi novia**.*

▶ **Porque** is followed by a sentence:
*Hablo inglés **porque mi madre es irlandesa**.*

To express a purpose, we use **para**. **Para** is followed by an infinitive verb:
*Escucho canciones en español **para mejorar** mi pronunciación.*

14. Read these ads from a language exchange website and underline the correct options.

1. Hola, me llamo Joost y busco a alguien **para** / **por** / **porque** practicar español. Quiero hablar mucho **para** / **por** / **porque** necesito mejorar mi pronunciación.

2. Hola, soy Mark. Soy galés y vivo en Cardiff. Necesito aprender español **para** / **por** / **porque** mi trabajo, **para** / **por** / **porque** tengo muchos clientes españoles. ¿Quieres hacer un intercambio por Skype conmigo?

3. Hola, soy Wendy y vivo en Londres. Quiero aprender español **para** / **por** / **porque** conocer a gente latina y **para** / **por** / **porque** quiero viajar por Latinoamérica seis meses. Enseño inglés a cambio.

4. Hola, me llamo Ali y soy francés. Vivo en París, pero quiero ir a España unos meses **para** / **por** / **porque** trabajar allí. Quiero hacer un intercambio **para** / **por** / **porque** aprender español y conocer a gente nueva.

15. Fill in the blanks with **por** or **para**.

1. Quiero aprender español .... viajar por Cádiz.

2. Quiero visitar la exposición de Picasso .... aprender sobre pintura española.

3. Queremos ir a Perú .... visitar el Machu Picchu.

4. Escucho música española .... practicar la pronunciación.

5. Estudio español .... mi novia. Es colombiana.

6. Leo libros .... aprender más vocabulario.

VOCABULARIO

There are certain collocations that contain the verbs **ir** and **salir**. It is useful to learn them as a group with a specific meaning:
Ir al cine / ir al teatro
Ir de compras / ir de excursión
Salir de noche / salir de fiesta

Remember that **ir de compras** (to go shopping) is not the same as **ir a comprar** (to go and buy) or **hacer la compra** (to do the shopping).

16. Fill in Paula's weekend plans with the correct option.

1. Quiere ir .... cine.
a. a   **b.** al   **c.** de   **d.** a la

2. Quiere ir .... compras por el centro de Cádiz.
a. a   **b.** de   **c.** de las   **d.** a la

3. Quiere .... visitar .... sus amigos en Conil de la Frontera.
a. ø, ø   **b.** a, a   **c.** de, a   **d.** ø, a

4. En Conil, quiere ir .... la playa .... sus amigos.
a. de, con   **b.** a, con   **c.** de, de   **d.** a, a

5. El domingo, quiere ir .... excursión .... Tarifa.
a. a, de   **b.** de, a   **c.** a, ø   **d.** ø, de

6. Por la noche, quiere salir .... bailar.
a. a   **b.** de   **c.** ø   **d.** al

17. Fill in the blanks with the correct preposition: **a** or **de**.

1. El sábado próximo quiero ir .... compras. Es el cumpleaños de mi hermana y quiero comprarle un regalo.

2. Esta tarde quiero ir .... comprar, no tengo nada de comida en la nevera.

3. Este fin de semana mis amigos y yo queremos salir .... noche.

4. La próxima semana queremos ir .... la ópera para ver *Rigoletto*.

5. El próximo fin de semana queremos ir .... excursión a los Picos de Europa.

PREPOSITION DE

Note that in Spanish we use the preposition **de** to establish different types of relationships between two elements. Bear in mind that word for word translations are not always possible.

18. In English, how do you say...?

curso de guitarra: ....

cata de vinos: ....

curso de flamenco: ....

profesor de español: ....

empresa de informática: ....

estudiante de arquitectura: ....

THE VERB HACER

If you look the verb **hacer** up in a dictionary, you will find the translation is *to do* or *to make*. Nonetheless, in Spanish **hacer** is used to express things that are not expressed as *to do* or *to make* in English. Keep in mind that word for word translations are not always possible.

19. Translate these phrases into English.

hacer deporte: ....

hacer fotos: ....

hacer un curso de literatura: ....

hacer un curso de cocina: ....

20. Fill in the blanks with the following activities available at some Spanish-language schools.

cocina	películas	baile	montaña	vinos	museo
libros	platos	discoteca	pueblos	edificios	

1. Cata de .... españoles: Rioja, Albariño...

2. Excursión a la .... : Fuente Dé.

3. Salimos a bailar a la mejor .... de Madrid: Kapital.

4. Curso de .... española. Aprendemos a preparar .... típicos: tortilla, paella...

5. Visita a dos .... de la provincia de Granada: Capileira y Bubión.

6. Sesión de cine hispano: .... españolas, argentinas y mexicanas.

7. Club de lectura para conocer algunos de los mejores .... de la literatura en español.

8. Clases de .... : salsa, merengue...

9. Visita al .... Sorolla de Madrid para conocer los mejores cuadros del pintor.

10. Visita a tres .... de Gaudí: La Sagrada Familia, La Pedrera y la Casa Batlló.

21. Fill in the blanks with the following words.

deporte	películas	música	platos
cuadros	excursiones	libros	

1. En un cine ves ....

2. En una biblioteca lees ....

3. En un museo miras ....

4. En una montaña haces ....

5. En un concierto escuchas ....

6. En un gimnasio haces ....

7. En un curso de cocina aprendes a preparar ....

22. Finish the crossword puzzle.

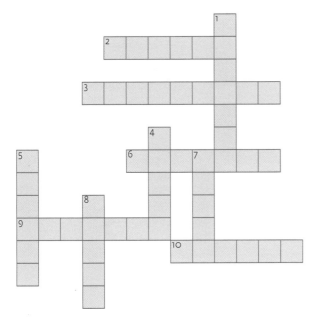

VERTICALES

1. aprender a

4. salir de

5. visitar la

7. ir a la

8. hacer

HORIZONTALES

2. ir al

3. ir de

6. ir de

9. hacer

10. salir a

SONIDOS Y LETRAS

23. Circle the verb forms that you hear.

04

1. bailas	bailáis	**5.** lees	leéis
2. cocinas	cocináis	**6.** entiendes	entendéis
3. comes	coméis	**7.** escribes	escribís
4. ves	veis	**8.** vives	vivís

24. Repeat the verbs out loud, paying close attention to their pronunciation.

EN COMPARACIÓN

EN ESPAÑOL
1. Queremos ir a Argentina para aprender a bailar tango.
2. ....
3. Marina quiere hacer un curso de flamenco.
4. ....
5. Mi madre cocina platos españoles.
6. ....
7. Trabajo en un hotel de la Costa del Sol.
8. ....

EN INGLÉS
1. ....
2. I study German because of my job.
3. ....
4. She dances salsa but I dance chachachá.
5. ....
6. I want to go shopping.
7. ....
8. Do you and Sven speak Spanish?

GRAMÁTICA

SER / ESTAR / HAY

1. Classify these sentences based on their meaning.

a. I define or I describe (What is it? What is it like?)

b. I locate (Where is it?)

c. I talk about something existing (There is / are...)

1. El Big Ben es una torre muy famosa de Londres. ◯

2. En Escocia hay lagos como el Ness o el Lomond. ◯

3. Madrid está en el centro de España. ◯

4. La paella es una comida típica en muchas regiones de España. ◯

5. En Barcelona hay muchos edificios de Gaudí. ◯

6. Sevilla es muy bonita. ◯

7. Oviedo está en el norte de España. ◯

8. La moneda oficial de Irlanda es el euro. ◯

9. Las tortillas con guacamole son un plato típico de México. ◯

10. Las cataratas de Iguazú están en la frontera de Argentina y Brasil. ◯

2. What verb is used in each case? Do you know the infinitive verb?

a. To define or describe I use the infinitive verb

....

b. To locate I use the infinitive verb ....

c. To talk about the existence I use the infinitive verb

....

SER / ESTAR

In Spanish, there are two different translations to the verb to be: **ser** and **estar**. Both verbs have different forms for each person:

	SER	ESTAR
(yo)	soy	estoy
(tú)	eres	estás
(él/ella/usted)	es	está
(nosotros/-as)	somos	estamos
(vosotros/-as)	sois	estáis
(ellos/-as/ustedes)	son	están

If we want to describe location (where something or someone is), we use the verb **estar**:
*Dublín **está** en Irlanda.* > Dublin is in Ireland.
*Pedro y María **están** en el cine.* > Pedro and María are at the cinema.

If we want to define (what is it?) or to describe (what is it like?) something or someone, we use the verb **ser**:
*Los platillos **son** un instrumento musical.* > Cymbals are a music instrument.
*Salamanca **es** muy bonita.* > Salamanca is very beautiful.

3. Read what these students say about their countries and underline the correct options. Which country are they talking about?

Mi país **es / son / está/ están** muy grande. **Es / Son / Está / Están** en Asia. Las ciudades más importantes **es / son / está/ están** Pekín, Shanghái y Hong Kong.
■ País: ....

Mi país **es / son / está/ están** muy bonito, especialmente la capital, que **es / son / está/ están** en el centro. Los platos más típicos **es / son / está/ están** la pasta y la pizza. ■ País: ....

Mi país **es / son / está/ están** en el sur de Europa. La capital **es / son / está/ están** famosa por sus ruinas. En verano muchos turistas visitan las islas que **es / son / está/ están** en el sur. ■ País: ....

HAY

If we talk about the actual existence of a person, a place, an event or a thing, we use **hay** (from the verb **haber**).

This form (pronounced like the English word **I**), is always only one word and does not change from singular to plural. It can be either **there is** or **there are** in English:

Hay un cine en la calle Reforma. > **There's** a cinema in calle Reforma.
En Buenos Aires hay muchas escuelas de tango. > **There are** many tango schools in Buenos Aires.

4. Underline the correct option in each case.

1. En mi país **son** / **están** / **hay** dos ríos muy largos.

2. Salamanca **es** / **está** / **hay** una ciudad muy antigua.

3. Bilbao **es** / **está** / **hay** en el norte de España.

4. En Santiago **son** / **están** / **hay** muchos edificios antiguos.

5. Aquí la gente **es** / **está** / **hay** muy simpática.

6. Cádiz **es** / **está** / **hay** en Andalucía.

7. En Galicia **es** / **está** / **hay** playas muy bonitas.

8. En Almería el clima **es** / **está** / **hay** muy seco.

5. Fill in the blanks in this email with the correct forms of the verbs **ser**, **estar** o **hay**.

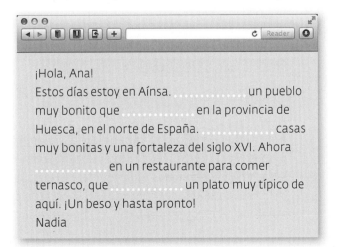

¡Hola, Ana!
Estos días estoy en Aínsa. .... un pueblo muy bonito que .... en la provincia de Huesca, en el norte de España. .... casas muy bonitas y una fortaleza del siglo XVI. Ahora .... en un restaurante para comer ternasco, que .... un plato muy típico de aquí. ¡Un beso y hasta pronto!
Nadia

ARTICLES

6. Read the following text and look at the words in bold, do you know what we call them in English?

Lanzarote es **una** isla volcánica que está en **el** archipiélago de **las** Islas Canarias, en **el** océano Atlántico. Tiene **un** paisaje muy característico y **unas** playas muy variadas. **La** playa de Famara está situada al norte de **la** isla: es muy grande y hace mucho viento, así que siempre hay mucha gente practicando **el** surf. **La** playa de Janubio está en **el** este, en **unas** salinas, y es de arena negra y rocas.

In Spanish, as well as in English, we use articles in front of a noun. There are two types of articles: indefinite and definite. The article is called definite (**the** = **el** / **la** / **los** / **las**) when we do know the person, place or thing we are referring to, when it is the only one of its kind, or when it is not the first time we talk about it:
La famosa playa de Famara está en el norte de la isla. > **The** famous Famara beach is on **the** north of **the** island.

They are called indefinite (**a** / **an** = **un** / **una** / **unos** / **unas**), when it is the first time we refer to the person, place or thing they go with, when we do not know if such specific person, place or thing exists, or when we refer to one of a kind:
Lanzarote es una isla volcánica. > Lanzarote is **a** volcanic island.

Note that in Spanish both the definite and the indefinite articles agree in number and gender with the noun they go with:
la isla
unas playas
el océano Atlántico
unos paisajes

We use **un** / **una** / **unos** / **unas** with **hay** when asking about the existence of a person, place or thing:
¿Hay un volcán en Lanzarote? > **Is there a** volcano in Lanzarote?

Note that in Spanish the indefinite article is not combined with **otro/-a/-os/-as**.
Is there another beach here? > *¿Hay ~~una~~ otra playa aquí?*

7. Read these sentences and choose the correct option.

1. En Perú hay .... lago que se llama Titicaca.
a. un   **b.** una   **c.** el   **d.** la

2. El peso es .... moneda oficial de México.
a. el   **b.** la   **c.** un   **d.** una

3. En Costa Rica hay .... parques naturales preciosos.
a. los   **b.** las   **c.** unos   **d.** unas

4. .... clima en Colombia es tropical.
a. El   **b.** La   **c.** Un   **d.** Una

5. .... Andes y .... Isla de Pascua son lugares de interés turístico en Chile.
a. Un, una   **b.** Unos, una   **c.** Los, la   **d.** Las, los

6. El Aconcagua es .... montaña que está en Argentina.
a. un   **b.** una   **c.** unos   **d.** unas

MAKING COMPARISONS USING SUPERLATIVE ADJECTIVES

An adjective is a word which describes a noun in more detail. For example, in the instance "**big house**", **big** is the adjective and **house** is the noun. Adjectives have levels or degrees, for example, **big**, **bigger**, **the biggest**. The biggest is the superlative, the highest order of an adjective.

In English, you can identify superlative words because they always start with **the** and end in **-est** (e.g. **the highest mountain**) or have the words **the most** or **the least** in front of it, e.g. **the most amazing**.

In Spanish we use the structure **el / la / los / las** + noun + **más** + adjective to say something is **the most** + adjective:
El país más grande. > **The biggest** country.
Las ciudades más turísticas. > **The most touristic** cities.

We use **el / la / los / las** + noun + **menos** + adjective to say something is **the least** + adjective:
La playa menos peligrosa. > The least dangerous beach.
Los platos menos picantes. > The least spicy dishes.

Note that both the article (**el / la / los / las**) and the adjective follow the gender and number of the noun.

Remember that we use **de**, unlike in English, where we use **in**.
El río más largo **del** mundo. ~~El río más largo **en el** mundo.~~

8. Write sentences like the one in the example using an element of each box.

Barcelona **A** Mallorca El Everest El Barça y el R. Madrid México	isla **B** montaña país equipos ciudad
turística **C** famosos grande alta poblado	la liga española **D** el mundo las Islas Baleares Hispanoamérica España

1. Barcelona es la ciudad más turística de España.

2. El Barça y el Real Madrid son ....

3. ....

4. ....

5. ....

QUANTIFIERS: MUY, MUCHO, MUCHA, MUCHOS, MUCHAS

9. Read the following text.

Argentina es un país **muy variado** que ofrece **muchos planes** diferentes para el turista. Buenos Aires es la capital y tiene **muchos lugares** interesantes que visitar: La Casa Rosada, la Plaza de Mayo, la Recoleta, el barrio de la Boca, el barrio de San Telmo (donde el turista puede ver **muchas actuaciones** de tango)... ¡Sí, **es mucho**! La provincia de Mendoza, en el norte del país, es **muy famosa** por sus vinos y hay **muchas bodegas** por toda la zona que los turistas pueden visitar. Otro atractivo de Argentina es la gastronomía. Los argentinos comen **mucha carne** de **muy buena** calidad. Argentina: un país con **muchas cosas** que hacer. ¡Nunca hay **mucho tiempo**!

10. Now classify the outlined words in the following table.

muy + adjective	
mucho + singular masculine noun	
mucha + singular feminine noun	
muchos + plural masculine noun	
muchas + plural feminine noun	
verb + **mucho**	

Unlike in English, where quantifiers vary depending on whether the following noun is countable or uncountable (I have **many** friends, There's not **much** food left), this is not the case in Spanish.

In Spanish, we use **mucho/-a/-os/-as** followed by a noun:
*Tengo **muchos** amigos.* > I have many friends.
*No hay **mucha** comida.* > There's not much food left.

The ending needs to agree with the gender and number of the noun it describes:
*En Mendoza hay much**o** vin**o**.*
*Much**a** gent**e** visita Buenos Aires.*
*En San Telmo hay much**os** restaurant**es** y bar**es** bohemi**os**.*
*En Argentina hay much**as** cos**as** que hacer.*

Mucho/-a/-os/-as can be translated as *a lot of* or *lots of*.

Following a verb, we use **mucho**. **Mucho** never changes, regardless of the person of the verb. We can translate **mucho** as *a lot*:
*En el norte de Argentina, en Misiones, llueve **mucho**.*

We use **muy** followed by an adjective. **Muy** never changes, regardless of the gender and number of the adjective. We can translate **muy** as *very*:
*La carne argentina es **muy** buen**a**.*
*Las playas de Costa Rica son **muy** bonit**as**.*

11. Fill in this text about a trip to Extremadura with **muy**, **mucho**, **mucha**, **muchos** or **muchas**.

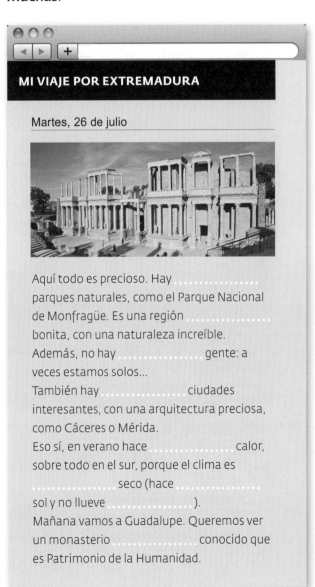

MI VIAJE POR EXTREMADURA

Martes, 26 de julio

Aquí todo es precioso. Hay .... parques naturales, como el Parque Nacional de Monfragüe. Es una región .... bonita, con una naturaleza increíble. Además, no hay .... gente: a veces estamos solos... También hay .... ciudades interesantes, con una arquitectura preciosa, como Cáceres o Mérida. Eso sí, en verano hace .... calor, sobre todo en el sur, porque el clima es .... seco (hace .... sol y no llueve ....). Mañana vamos a Guadalupe. Queremos ver un monasterio .... conocido que es Patrimonio de la Humanidad.

▶ Yes / No Questions

Spanish does not require auxiliary verbs (*do* / *does*) the way that English does to form questions. The same verb forms used in statements are used in questions. A statement can be made into a question simply by a change in intonation (the voice tone) or, in writing, by adding question marks:

Hablas español. > You speak Spanish.
¿Hablas español? > Do you speak Spanish?

Finally, note that when only part of a sentence is a question, in Spanish the question marks are placed around only the portion that is a question:
Soy australiano, ¿y tú? > I'm Australian, and you?

▶ Interrogatives (or questions words)

Just like in English, interrogatives are typically placed at or very near the beginning of a sentence. Some of them are used like in English (*when*: **cuándo**, *where*: **dónde**); some of them exist in singular and plural forms (*who*: **quién/es**); and in the case of *how much / many* (**cuánto/-a/-os/-as**) there are singular, plural, masculine and feminine forms that should match the noun they stand for.

However, **qué**, **cuál/es** and **cómo** do not always match *what*, *which* and *how*, but they depend on what we use them for. Have a look at this table:

If we ask...				
about things	**What?**	**¿Qué?**	*¿Qué comes?*	What are you eating?
about a place / thing / person within a limited group of range	**What / Which?**	**¿Qué** + noun?	*¿Qué país prefieres?*	What / Which country do you prefer?
	What / Which one? (Generally speaking, **cuál** suggests the making of a selection from more than one alternative.)	**¿Cuál** + singular verb?	*¿Cuál es la capital de Colombia?*	What's the capital of Colombia?
	What / Which ones?	**¿Cuáles?**	*¿Cuáles son las dos ciudades más grandes de España?*	What / Which are the biggest cities in Spain?
to describe a place / person / thing	**How / what is it like?**	**¿Cómo?**	*¿Cómo es el clima en Irlanda?*	What is the weather like in Ireland?

 Remember:
- ▶ Question words always have an accent.
- ▶ Don't forget to add the opening upside-down question mark (¿) in Spanish questions.

12. Fill in the blanks with **qué**, **cómo**, **dónde**, **cuál / cuáles**, **cuántos / cuántas**.

1 • ¿ . . . . está Santander?
  ○ En Cantabria.

2 • ¿ . . . . es la fabada?
  ○ Una comida típica de Asturias.

3 • ¿ . . . . es el clima en el norte?
  ○ Es muy lluvioso.

4 • ¿ . . . . es la moneda de España?
  ○ El euro.

5 • ¿ . . . . lenguas oficiales hay en España?
  ○ Cuatro.

6 • ¿ . . . . son las cuatro ciudades más pobladas de España?
  ○ Madrid, Barcelona, Valencia y Sevilla.

7 • ¿ . . . . habitantes tiene el país?
  ○ Entre 45 y 50 millones.

13. Write questions with **qué** or **cuál / cuáles** for these answers.

a. . . . .
• Mi país favorito de América Latina es Chile.

b. . . . .
• La ciudad más grande de Bolivia es La Paz.

c. . . . .
• La casa Rosada es donde vive el presidente de Argentina

d. . . . .
• Español, catalán, gallego y euskera.

e. . . . .
• El ceviche es un plato que lleva pescado crudo.

VOCABULARIO

TALKING ABOUT THE WEATHER

To describe what the weather is like in Spanish (**¿Qué tiempo hace?**) we use:

▶ **Está** + an adjective:
Está nublado. > It is cloudy.
▶ **Hace** + a noun:
Hace sol. > It is sunny.
Hace frío. > It is cold.
▶ A verb to refer to rain or snow:
Llueve. / Nieva. > It rains. / It snows.
▶ **Es** + a specific mention to the weather or climate:
El clima en Colombia es tropical. > The weather in Colombia is tropical.
Los inviernos en Madrid son fríos. > Winters in Madrid are cold.
Note that all weather sentences in Spanish are impersonal: verbs do not have an actual subject. In English we use *it* whereas in Spanish we use the verb in 3rd person singular, but there is no *it*, *he* or *she* to go with it.

14. Read the following text, then look at the words in bold and complete the table.

España es un país con muchos climas diferentes. En la zona mediterránea los veranos son muy secos, no **llueve** mucho y no hace **frío**. En el norte en general llueve mucho y las temperaturas son suaves. Galicia, Asturias o Cantabria son zonas muy **lluviosas** y hay mucha **humedad**. Además, en esos lugares muchos días está **nublado**. En el interior, las temperaturas son más extremas: los veranos son muy **calurosos** y los inviernos son muy fríos (en algunos lugares **nieva** mucho). En muchas zonas del sur hay **sequía** en ciertas épocas del año porque no llueve durante largos períodos.

NOUN	ADJECTIVE
calor	
	seco
	húmedo
nube	
	frío
lluvia	

NOUN	VERB
nieve	
lluvia	

15. Complete these sentences with the following words.

lagos	países	bebidas	lenguas
océanos	islas	monedas	ríos
volcanes		desiertos	montañas

1. El tequila, el mate, el vino y el té son ....
2. El Everest y el Aconcagua son ....
3. El dólar, el euro y la libra son ....
4. México, India, China, y Bélgica son ....
5. El francés, el español y el checo son ....
6. El Nilo, el Tajo, el Sena, el Amazonas y el Támesis son ....
7. Las Azores, Mallorca, Madagascar, Australia y Japón son ....
8. El Sáhara, el Atacama y el Gobi son ....

9. El Etna, el Teide y el Fuji son ....
10. El Atlántico, el Pacífico y el Índico son ....
11. El Titicaca, el Victoria y el Ness son ....

16. Complete these questions about Spain with the following adjectives.

grande/s	turístico/-a/-os/-as
húmedo/-a/-os/-as	típico/-a/-os/-as
seco/-a/-os/-as	antiguo/-a/-os/-as
poblado/-a/-os/-as	alto/-a/-os/-as

1. • ¿España es un país muy .... ?
   ○ Bueno... El número de habitantes es de 47 millones.
2. • ¿Qué es el gazpacho?
   ○ Es un plato muy .... de Andalucía. Es una sopa fría de tomate.
3. • ¿Cuáles son los lugares más .... ?
   ○ Principalmente, Madrid y Barcelona. También Granada y la costa mediterránea.
4. • ¿Cómo es el clima?
   ○ Pues depende. En el noroeste el clima es bastante .... , porque llueve mucho. Pero hay algunas zonas muy .... , casi desérticas.
5. • ¿Qué es el Aneto?
   ○ Es la montaña más .... de los Pirineos. Tiene una altitud de 3404 metros.
6. • ¿Cuál es la comunidad autónoma más .... ?
   ○ Castilla y León. Tiene una superficie de 93 813 km².
7. • La Mezquita de Córdoba es muy .... , ¿no?
   ○ Sí, es del siglo VIII d.C.

SONIDOS Y LETRAS

In Spanish and in English there are 5 vowel letters: **a**, **e**, **i**, **o** and **u**. However, whereas in English they can have different pronunciations (as the **o** in *go*, *do*, *got*), in Spanish each one of these letters has only one possible pronunciation. Vowels in Spanish are pronounced as single short sounds:

▶ **a** as in *alpha*   ▶ **i** as in *India*   ▶ **u** as in *do*
▶ **e** as in *elephant*   ▶ **o** as in *cost*

 Make sure you do not pronounce a single vowel with two vowel sounds.

17. Vowel sounds are sometimes tricky for English speakers, especially when words are similar in English and Spanish. Try and say these pairs of words, noticing the difference in the vowels in each language.

Egypt	**Egipto**
Asia	**Asia**
Ireland	**Irlanda**
Uruguay	**Uruguay**
London	**Londres**

 18. Now listen to the recording of the Spanish words and repeat.
05

 19. Pronounce these words paying attention to the sound of the vowels in Spanish. Then listen to the recording and repeat.
06

1. m**a**te	**a**genci**a**	h**ay**
2. m**e**	t**e**atro	**E**uropa
3. **i**sla	pa**í**s	Améri**ca**
4. much**o**	**o**s**o**s	lag**o**
5. c**u**ltural	m**u**ndo	D**u**blín

EN COMPARACIÓN

EN ESPAÑOL
1. ¿Cuántos habitantes hay en Santiago?
2. ....
3. ¿Cuál es la capital de Ecuador?
4. ....
5. ¿Cómo es el clima en el norte de España?
6. ....
7. España es un país con muchas montañas.
8. ....

EN INGLÉS
1. ....
2. Where is Lake Titicaca?
3. ....
4. In Perú they speak Spanish but there are also two other official languages: aimará and guaraní.
5. ....
6. In Venezuela there is a lot of oil.
7. ....
8. Argentina is a very big country and has different climates: subtropical, temperate and subpolar.

GRAMÁTICA

ARTICLES

Remember that we use the definite article (**the** = **el / la / los / las**) when we do know the person, place or thing we are referring to, when it is the only one of its kind, or when it is not the first time we talk about it. We use the indefinite article (**a / an** = **un / una / unos / unas**), when it is the first time we refer to the person, place or thing they go with, when we do not know if such specific person, place or thing exists, or when we refer to one of a kind.

1. Choose from **un**, **una**, **unos** or **unas**.

un	una	unos	unas	
			X	sandalias
				zapatos
				jersey
				gafas de sol
				falda
				vestido
				zapatillas
				chaqueta
				gorro
				gorra
				medias
				biquini

NO ARTICLE

We use no article in Spanish when:

▶ We refer to the category rather than to an object:
*En esa tienda venden **gafas de sol**.*
*Zara tiene **tiendas** en muchos países.*

▶ We refer to an unspecified amount of an uncountable noun:
*¿Llevas **dinero**?* (Do you have any money on you?)

2. Fill in the blanks with the appropriate article in each case.

el			
un	una	uno	unos
ø			

1.
- ¿Qué llevas en la maleta?
- No muchas cosas… .... pantalones, ...
  camiseta, ... biquini y .... ropa interior.

2.
- ¿Llevas .... dinero?
- Sí, ¿cuánto quieres?
- Solo 4 euros para comprar .... pasta de dientes.

3.
- ¿Qué tenemos que llevar para el viaje? .... guía…
- Sí, y tú tienes que llevar .... carné de conducir.

ARTICLES: EL / LA / LOS / LAS + ADJECTIVE

Both in English and in Spanish when we identify an object in a conversation because of a characteristic, for example the colour, there is no need to repeat the name of the object. Instead, we can use the definite article plus the characteristic in the same way that we use **the ... one** in English:

● *¿Qué falda quieres?*
○ *La roja.*

● What skirt do you want?
○ The red one.

Note that in Spanish the article (**el / la / los / las**) and the adjective (**roja**) need to agree in number and gender with the noun they refer to.

3. Read these sentences and decide what item they are talking about.

1. Me gustan más los rojos.

a) unos pantalones

b) unas gafas

2. ¿Prefieres la de manga larga?

a) unas sandalias

b) una camiseta

3. ¿Cuánto cuesta el rosa?

a) un cepillo

b) una maleta

4. ¿Cuáles son mas bonitas, las negras o las marrones?

a) un secador

b) unas gafas de sol

4. Look at these items and write down their names next to the sentences which refer to them in the table below.

1. Las blancas son más originales.	
2. Prefiero el largo.	
3. Los blancos son más caros.	
4. Prefiero los cortos.	
5. El negro es precioso.	
6. Las negras son muy elegantes.	
7. El corto es muy barato.	
8. Las blancas son muy cómodas.	
9. La negra cuesta 20 euros.	
10. La más barata es la blanca.	

¿CUÁL PREFIERES?

AGREEMENT

 Remember that in Spanish all nouns have gender and number. In every sentence all words which refer to the noun must agree with it:

una falda blanca larga
unos pantalones vaqueros cortos
unas camisetas rojas nuevas

5. Combine one element from each column with the articles to write down what is in Clara's suitcase.

pantalones	corto	blanca
zapatillas	vaqueros	negros
vestido	vaquera	negras
chaqueta	deportivas	blanco

1. un ....

2. una ....

3. unos ....

4. unas ....

6. Write down with words the quantity of each item. Bear in mind that numbers do also agree with nouns in gender.

Camisetas: 400	*cuatrocientas camisetas*
Pantalones: 300	
Jerséis: 250	
Chaquetas: 200	
Corbatas: 500	
Abrigos: 21	
Gorras: 21	

DEMONSTRATIVES

Demonstratives are used to point out at something or someone and to show how far they are from us. In English there is **this** / **these** (closer to the speaker) and **that** / **those** (further away). In Spanish they also change according to the gender and number of the noun they refer to.

this / these	este / esta / estos / estas
that / those	ese / esa / esos / esas

There is also **aquel** / **aquella** / **aquellos** / **aquellas** which indicate that the object or person we refer to is even further away, both from the speaker and the listener: that one over there.

7. Complete these sentences with the correct form of the verb **costar** and the correct ending of the demonstrative.

1 • ¿Cuánto cuest........ est........ chaqueta?
   ○ Son 70 euros.

2 • ¿Cuánto cuest......est......vaqueros?
  ○ 80 euros.
  • Son muy caros. Y est......de aquí, ¿cuánto cuest......?
  ○ Est......son 100 euros.

3 • Y est......sandalias, ¿cuánto cuest......?
  ○ 50 euros, pero est......otras están rebajadas, cuestan 30 euros.

4 • ¿Cuánto cuest......est......bolso, por favor?
  ○ El bolso cuest......60 euros.

8. Fill in the blanks with the appropriate endings in each case.

1.
• ¿Te gusta est......vestido roj......? ¿O prefieres est......otro?
○ A ver… No está mal, pero prefiero el blanc...... .
• ¿Sí? Claro, pero también es más car...... .
○ ¿Cuánto cuest......?
• Sesenta euros.
○ Uf, sí… ¿Y est......falda negr......?
• No, no es mi estilo…
○ Ya…
• Va, me pruebo los vestidos. ¿Tú quieres algo?
○ Sí, unos pantalones, pero no sé cuáles. Mira, prefieres est......o est......?
• Los vaqueros azul...... .
○ Sí, yo creo que también.

2.
• ¿Qué te parecen est......botas?
○ Son precios......, pero quizás son un poco pequeñ......, ¿no?
• Sí, un poco…
○ ¿Y est......?
• Son muy bonit......, pero son negr......y yo las quiero marron...... . ¡Además cuest......casi doscient......euros!

Remember that verbs in Spanish have a root (the part of the verb which does not change and carries the meaning of the word) and an ending that changes to indicate the person (**yo**, **tú**, **él**...).

Regular verbs are those where the root keeps the same spelling for all persons and in all tenses, for example **vivir**; irregular verbs are those with spelling changes in the root, for example **ser**.

Tener, **ir** and **preferir** are frequent irregular verbs in Spanish.

	TENER	**IR**	**PREFERIR**
(yo)	tengo	voy	prefiero
(tú)	tienes	vas	prefieres
(él/ella/ usted)	tiene	va	prefiere
(nosotros/ nosotras)	tenemos	vamos	preferimos
(vosotros/ vosotras)	tenéis	vais	preferís
(ellos/ellas/ ustedes)	tienen	van	prefieren

9. Fill in the blanks with the appropriate forms of **ir**.

1 • Paula ....todos los días al gimnasio.
  ○ ¿Y tú no ....con ella?
  • No, yo prefiero hacer deporte al aire libre.

2 • Úrsula y Tina ....mucho de compras, ¿no?
  ○ Sí, y tienen ropa muy bonita…

3 • ¿Dónde compráis los libros?
  ○ Normalmente ....a una librería que está en el centro.

4 • Quiero comprar un regalo para un niño de cuatro años. ¿A qué tienda ....?
  ○ Tienes que ir a Juegandia, tienen muchos juguetes.

5 • ¿Vosotros ....mucho a la montaña, ¿no?
  ○ Sí, para esquiar.

¿CUÁL PREFIERES?

Tener can be used in Spanish:

▶ to express possession (to have (got))

Tengo dos hermanos. > I have two brothers.

▶ to talk about need and obligation (to have to do something): **tener que** + infinitive

Tengo que llamar a mi madre. > I have to call my mum.

QUÉ / CUÁL / CUÁLES

Remember that in Spanish interrogatives **qué** and **cuál** can be both *what* and *which* in English. When we ask about a place, a thing or a person within a limited group or range we use **qué** or **cuál** depending on what comes after.

In Spanish...		In English...
¿Qué + noun?	*¿Qué falda prefieres?*	What / which skirt do you prefer?
¿Cuál + verb?	*¿Cuál es la chaqueta de Álex?*	Which one is Alex's jacket?
¿Cuáles + verb? (when we ask about more than one thing)	*¿Cuáles son las camisetas más baratas?*	What / which are the cheapest t-shirts?

10. Tener or **tener que**?

1. **Tengo** / **Tengo que** comprar unas sandalias nuevas.

2. Mi hermana **tiene** / **tiene que** unas gafas de sol muy caras.

3. • ¿Hace frío en Bilbao? ¿**Tengo** / **Tengo que** llevar un jersey?
   ○ Sí, ¡un jersey y un abrigo!

4. • **Tengo** / **Tengo que** comprar un biquini.
   ○ ¿No **tienes** / **tienes que**?
   • Sí, **tengo** / **tengo que** uno blanco precioso, pero no sé dónde está...

11. Choose from **qué**, **cuál** or **cuáles**.

1. ¿**Qué** / **Cuál** / **Cuáles** es más cara, la falda roja o la rosa?

2. ¿De **qué** / **cuál** / **cuáles** marca son esas botas?

3. Mira estas camisetas, todas son bonitas pero solo puedo comprar una... ¿**Qué** / **Cuál** / **Cuáles** me llevo?

4. ¿**Qué** / **Cuál** / **Cuáles** gafas prefieres, estas o esas?

5. ¿**Qué** / **Cuál** / **Cuáles** es tu chaqueta?

6. Necesito unas chanclas pero no tengo mucho dinero, ¿**Qué** / **Cuál** / **Cuáles** son las más baratas?

7. ¿**Qué** / **Cuál** / **Cuáles** bikini me llevo, el beis o el rojo?

8. Prefiero esta blusa, pero esa es más elegante... ¿Tú **qué** / **cuál** / **cuáles** prefieres?

9. ¿**Qué** / **Cuál** / **Cuáles** son tus zapatos?

VOCABULARIO

12. Write down these words in the correct order:

- 157 cincuenta ciento y siete:
  ciento cincuenta y siete
  ....

- 215 quince doscientos:
  ....

- 584 quinientos y ochenta cuatro:
  ....

- 734 cuatro setecientos y treinta:
  ....

- 999 noventa nueve y novecientos:
  ....

- 1. 707 setecientos mil siete:
  ....

- 5.463 cuatrocientos tres sesenta y cinco mil:
  ....

- 79.212 setenta doscientos nueve doce mil y:
  ....
  ....

- 123.468 ciento mil sesenta ocho y cuatrocientos veintitrés:
  ....
  ....

- 2.739.786 nueve y dos mil setecientos millones ochenta setecientos treinta y seis:
  ....
  ....

NUMBERS

! Remember that numbers in Spanish are spelled as a single word up to number 30; but we use **y** (**and**) after number 30:

16 > **dieciséis**   32 > **treinta y dos**
30 > **treinta**   74 > **setenta y cuatro**

In longer numbers this rule still applies, so only when the last two digits are 31 or above do we use **y** when writing the number down in words.
1.920 > ~~mil novecientos y veinte~~ > **mil novecientos veinte**

Note also that the use of **.** and **,** is different from English: in Spanish we use **.** for thousands and millions, and we use **,** to indicate decimals:
2.015 > **dos mil quince**   2,15 > **dos coma quince**

---

13. What could you say about a pair a trousers?

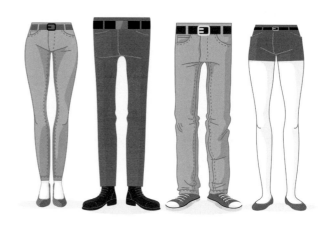

PANTALONES

- ☐ **interesantes**
- ☐ **de tirantes**
- ☐ **cortos**
- ☐ **de mujer**
- ☐ **originales**
- ☐ **de hombre**
- ☐ **largos**
- ☐ **de manga corta**
- ☐ **de tacón**
- ☐ **de manga larga**
- ☐ **vaqueros**
- ☐ **bonitos**
- ☐ **clásicos**
- ☐ **rojos**
- ☐ **de sol**
- ☐ **baratos**
- ☐ **simpáticos**

14. In which of the shops below can you buy these products? Add any others you may know to the list.

libros	sandalias	juegos	bolsos
camisetas	cuadernos	zapatos
guías de montaña	vestidos	gorros
jerséis	chaquetas	revistas
guías turísticas	botas	faldas

1. En una zapatería	
2. En una librería	
3. En una tienda de juguetes	
4. En una tienda de ropa de mujer	

15. Marina goes shopping and she says these sentences, do you know what they mean?

DICE	SIGNIFICA
1. Es precioso.	**a.** Ella tiene una talla más grande.
2. Es un poco cara.	**b.** Cree que no cuesta mucho dinero.
3. Es feo.	**c.** Cree que es muy bonito.
4. Es muy barata.	**d.** Cree que no es bonito.
5. Es un poco pequeño.	**e.** Cree que no es común, no hay muchas cosas iguales.
6. Es un poco grande.	**f.** Cree que cuesta mucho dinero.
7. Es original.	**g.** Ella tiene una talla más pequeña.

SONIDOS Y LETRAS

16. Listen and write down the numbers.

07

- 28 ....
- 49 ....
- 167 ....
- 473 ....
- 2.976 ....
- 10.089 ....

17. Listen to these dialogues and choose the number you hear.

08

1
- Perdona, ¿tienes esta falda en la talla **14 / 40**?
- No, lo siento.
- ¿Y cuánto cuestan esos pantalones?
- **75 / 65** euros.

2
- Buenas tardes, ¿tienen camisetas de niño de manga corta?
- Sí, ¿de qué talla la necesita?
- De la **2 / 12**.

3
- ¿Cuánto cuesta el traje negro?
- Son **205 / 250** euros.

18. Listen to these conversations and decide if they are buying one or more things.

1.
- ¿Cuánto cuesta esta camiseta?
- Son 30 euros.

2.
- Me llevo las dos chaquetas, la negra y la azul.
- Muy bien.

3.
- ¿Qué gafas compro, estas o estas?
- Uf, no sé, qué difícil... Creo que las marrones.

4.
- ¿Tienen camisetas blancas de manga corta?
- Sí, claro, ¿de qué talla las quiere?
- Necesito dos de la mediana y una de la talla grande.

EN COMPARACIÓN

EN ESPAÑOL	EN INGLÉS
1. Laura lleva un vestido negro y unas sandalias rojas.	**1.** ....
2.	**2.** Do you prefer the red boots or the black ones?
3. Llevo tres faldas y dos pantalones en la maleta.	**3.** ....
4.	**4.** How much is this t-shirt? And that one?
5. ¿Dónde está el probador, por favor?	**5.** ....
6.	**6.** I'd like to try on these jeans.
7. Lo siento, pero no tenemos ese jersey en la talla 38.	**7.** ....
8.	**8.** This is a bit expensive; do you have a cheaper one, please?
9. ¿Va a pagar en efectivo o con tarjeta?	**9.** ....
10.	**10.** I'll take this dress, please.

GRAMÁTICA

VERBS GUSTAR, ENCANTAR AND INTERESAR

To express likes and dislikes, in Spanish we use the verbs **gustar** (*to like*) and **encantar** (*to really like*, *to love*). To talk about things that you find interesting, we use **interesar**.

However, these three verbs are 'peculiar' verbs in the sense that they do not work like most verbs. Whereas in English we follow this pattern:

▶   I   like   going to the cinema.
     SUBJECT   **VERB**   **OBJECT**

In Spanish we say:

▶   Me   gusta   ir al cine.
   INDIRECT OBJECT PRONOUN   **VERB**   **SUBJECT**

Therefore, the subject of the sentence is not the person who likes (**I** = **yo**), but the thing/person that is liked (*going to the cinema* = **ir al cine**). It might help you to translate **gustar** as **to appeal** or **to be appealing**. Bearing in mind that the subject is what is liked, what appeals, the verb will vary according to the number of the subject:

Me gusta el café. > Coffee appeals / is appealing to me.
Me gustan las películas de acción. > Action films appeal / are appealing to me.

Therefore, if **gustar**, **encantar** and **interesar** are followed by a singular noun or an infinitive verb, they will be conjugated in the singular:

Me gusta esquiar. > I love skiing.
¿Te gusta la comida china? > Do you like Chinese food?

And if they are followed by a plural noun, they are conjugated in the plural:

A Clara le encantan las ciudades pequeñas. > Clara loves small cities.

Remember that when we use **gustar**, **encantar** and **interesar** followed by a noun, we always need to use an article before this noun, whether it is singular, plural or uncountable. The article will agree in gender and number with the noun:

Me gusta la música rock.
No me gustan los libros de ciencia ficción.
Me gusta una canción de ese grupo.

However, we do not need the article with a verb or with a name of a place or a person:

Nos gusta mucho hacer deporte.
A mi hermana le encanta Londres.
A mi hijo le gusta Angelina Jolie.

1. What are these sentences referring to?

1. No me gustan mucho.
a. las grandes ciudades   **b.** la naturaleza

2. Me gusta mucho.
a. las películas de terror   **b.** el cine español

3. Me encantan.
a. unas gafas de sol   **b.** un MP3

4. No me gusta nada.
a. bailar   **b.** las discotecas

5. Sí, sí que me gusta.
a. aprender español   **b.** los parques

In Spanish, in order to know who likes what, we need to always use indirect object pronouns (**me**, **te**, **le**, **nos**, **os**, **les**):
¿Te gustan estos zapatos, Carlos? > Do you like these shoes, Carlos?
A Jan le encanta aprender español. > Jan loves learning Spanish.
Chicos, ¿os gusta vivir en Leeds? > Guys, do you like living in Leeds?

Gustar, **encantar** and **interesar** can be used with or without the form **a** + tonic pronoun / name of person (**a mí**, **a ti**, **a nosotros / nosotras**, etc.). This form is only used to express contrast by highlighting the difference between the person who likes and other people mentioned in a sentence or when the indirect object pronoun might cause confusion; for example, if we read or heard **Le encanta el cine**, we would not be able to understand who is it that likes cinema, so **A Pedro le encanta el cine** would be needed.
A mí me gusta mucho hacer deporte y a Pilar le encanta leer.

2. Fill in this table with the correct pronouns.

....	me	
A ti	....	
A él / ella / usted	....	gusta/n
....	....	encanta/n
....	os	interesa/n
A ellos / ellas / ustedes	....	

3. Elías and Sara tell us what kind of music they like. Fill in both texts with the correct form of the verb **gustar** and the pronouns.

1.
Elías.
32 años.
Salamanca

A mí .... el rock.

También .... los conciertos y la música en directo. A Isabel, mi novia, ... la música clásica. También .... los ambientes tranquilos. Está claro, a mi novia y a mí no .... los mismos estilos musicales. Bueno, sí, a los dos .... el jazz latino.

2.
Sara.
29 años.
Málaga

.... salir con mis amigos a bailar. A todos .... la música *dance*. A mis amigos también .... mucho el flamenco, pero a mí no .... nada. Los ritmos latinos tampoco ....

4. Look at the pronouns and decide who they refer to.

1. Me encanta la fotografía.

a. a mí
b. a nosotros

2. ¿No le gusta la sopa?

a. a ellos
b. a usted

3. Nos gusta mucho leer novelas de amor.

a. a Carolina y a mí
b. a vosotros

4. No les gustan los discos de Maná.

a. a Fernando
b. a mis padres

5. ¿Os gusta ir a karaokes?

a. a nosotras
b. a vosotras

5. Fill in the following sentences with the verb gustar and the pronouns.

1. (mi hija / gustar) .... bailar.
2. (Juana y Tomás / encantar) .... la comida mexicana.
3. Chicas, ¿(vosotras / interesar) .... el flamenco? Hay un concierto esta noche.
4. (todo el mundo / gustar) .... ver una película con sus amigos, ¿no?
5. (yo / gustar) .... estos zapatos. ¿Y a ti?
6. (mis estudiantes / encantar) .... los ejercicios de gramática.
7. Oye, Carlos, ¿(tú / interesar) .... la fotografía?
8. (mis hijas / no / gustar) .... nada mis platos. Dicen que cocino muy mal.
9. (nosotros / encantar) .... los festivales de *reggae*.

6. Fiona is learning Spanish and she has written this text. Can you help her with her mistakes?

A mí gustan muchos tipos de música, la verdad. Por ejemplo gusto muchísimo la música tradicional irlandesa. ¡The Dubliners y The Chieftains me encanta! Pero también gusta la música más moderna. Coldplay es uno de mis grupos favoritos. Mi marido tiene gustos muy diferentes. ¡A él gusta música *heavy*! Por eso no nos gustan ir a conciertos juntos.

TUS AMIGOS SON MIS AMIGOS

Remember that the verb **preferir** (which you learnt in unit 4) does not work as **gustar / encantar / interesar**.

GUSTAR / ENCANTAR / INTERESAR

A mí	me	
A ti	te	
A él / ella / usted	le	gusta/n encanta/n interesa/n
A nosotros/-as	nos	
A vosotros/-as	os	
A ellos/ ellas / ustedes	les	

PREFERIR

Yo	prefiero
Tú	prefieres
Él / ella / usted	prefiere
Nosotros/-as	preferimos
Vosotros/-as	preferís
Ellos/ ellas / ustedes	prefieren

- *Prefiero las ciudades grandes. ¡Las pequeñas son muy aburridas!*
- *¿Sí? A mí me gustan más las ciudades pequeñas.*

- *Tina, ¿prefieres ir al cine o salir a cenar?*
- *¡A cenar! ¿Por qué no vamos a ese restaurante que te gusta tanto?*

7. Fill in the following sentences with **gustar** or **preferir**.

1
- ¿Quieres un café o té?
- .... un café, gracias.

2
- ¿Qué te parece esta canción?
- .... Es una de mis favoritas.

3
- ¿Quieres venir a correr por la playa?
- No. .... quedarme en casa. Estoy un poco cansada.

4
- Mi gato se llama Chomsky.
- ¡ .... ! Es un nombre muy simpático para un gato.

5
- ¿Madrid o Barcelona?
- Madrid .... mucho, pero .... Barcelona porque tiene mar.

6
- ¿Quieres escuchar música?
- No, ahora no. .... hacer otra cosa.

REACTING TO OTHER PEOPLE'S LIKES AND DISLIKES

To express agreement with what somebody else likes, in Spanish we use **a mí también**. If we do not like it either, we use **a mí tampoco**. To express disagreement, we use **a mí sí** and **a mí no**.

- *Me gustan los perros.*
- *A mí también.*
- *A mí no.*

- *No me gustan los gatos.*
- *A mí tampoco.*
- *A mí sí.*

8. React to the following sentences using **a mí también**, **a mí tampoco**, **a mí sí** and **a mí no**.

1.

   Me interesa mucho el arte.

   ....

   ....

2.

☹ No me gustan nada los deportes.

☹ ....

☺ ....

3.

☺ Me encantan los niños pequeños. ¿A vosotros no?

☹ ....

☺ ....

4.

☹ No me gustan las revistas de moda.

☺ ....

☺ ....

4. Soy .... aventurera

5. Tere disfruta .... con sus hijos.

6. Me gusta .... leer, escribir y viajar.

7. Escucho .... pop independiente.

8. Soy .... divertida y habladora.

9. A mi novia le gusta .... la música soul.

10. Escucho .... música electrónica.

11. Pedro es .... guapo y .... deportista.

12. No me gusta .... ir a conciertos, porque hay .... gente.

13. Es .... hablador y le gusta .... el jamón serrano.

QUANTIFIERS

As you learnt in unit 3, quantifiers in Spanish vary depending on the type of word they are followed by.

We use **mucho/-a/-os/-as** followed by a noun. Remember that the ending needs to agree with the gender and number of the nouns they describe:
*Soy una persona sociable y tengo much**as** amig**as**.*

We use **mucho** following a verb. **Mucho** never changes, regardless of the person of the verb. We can translate **mucho** as *a lot*:
*Leo **mucho**.*

We use **muy** followed by an adjective. **Muy** never changes, regardless of the gender and number of the adjective. We can translate **muy** as *very*:
*Robert es **muy** simpático.*
*Margaret y Mary son **muy** trabajadoras.*

9. Fill in the gaps using **muy**, **mucho** or **mucho/a/os/as**.

1. En España hay .... festivales de música.

2. Sara juega .... con sus primos.

3. Me gustan .... tipos de música.

POSSESSIVE ADJECTIVES

Possessives are the words that we use with a noun to say that one person or thing "belongs" to another.

Like other adjectives in Spanish, possessive adjectives have to agree with the gender and the number of the noun:

SINGULAR (ONE THING IS POSSESSED)		PLURAL (MORE THAN ONE THING IS POSSESSED)		MEANING
masculine	feminine	masculine	feminine	
mi		mis		my
tu		tus		your
su		sus		his, her, its; your
nuestro	nuestra	nuestros	nuestras	our
vuestro	vuestra	vuestros	vuestras	your
su		sus		their; your

Mi tío es de Santiago de Cuba. > My uncle is from Santiago de Cuba.
Mis padres viven en esa casa. > My parents live in that house.
¿Cuántos años tiene tu hija? > How old is your daughter?
María viene a la fiesta con su hermano. > María is coming to the party with her brother.
Nuestro país, Brasil, es muy grande. > Our country, Brazil, is very big.
¿Dónde están vuestras chaquetas? > Where are your jackets?
Pedro es español pero sus padres son argentinos. > Pedro is Spanish but his parents are Argentinian.

In Spanish, possessive adjectives agree with what they describe and not with the person who owns the thing:
Sara vive con su padre. > Sara lives with her father
Sara vive con sus padres. > Sara lives with her parents

Note that in Spanish possessive adjectives are not normally used with parts of the body. We use the definite article (**el**, **la**, **los**, **las**) instead:
No puedo mover las manos. > I can't move **my** hands. > ~~No puedo mover mis manos~~.

10. How would you express these concepts using a possessive adjective? The "owner" is highlighted in red.

1. La ciudad donde **yo** vivo o de donde soy: *mi ciudad*

2. Los padres de **Sandra**: ....

3. Las personas con las que tenemos amistad **Ana y yo**: ....

4. La persona con la que **yo** estoy casado/-a: ....

5. El hijo de **Gerardo e Isabel**: ....

11. Fill in with the correct possessive (the "owner" is highlighted in red).

1. El país donde **yo** vivo o de donde **yo** soy es .... país.

2. El padre de **Carlos y Ana** es .... padre.

3. El boli que usa **Juan** es .... boli.

4. La gente con la que **nosotros** vamos a clase son .... compañeros.

5. Las personas que viven en el mismo edificio que **vosotros** son .... vecinos.

6. La casa de **la prima de Paco** es .... casa.

VOCABULARIO

12. How do you say these words in English? Look them up in your dictionary if necessary.

primo **prima**	
abuelo **abuela**	
hermano **hermana**	
tío **tía**	
marido **mujer**	
sobrino **sobrina**	
yerno **nuera**	
cuñado **cuñada**	
nieto **nieta**	
suegro **suegra**	

13. This is Daniel's family tree. Can you fill in the sentences below?

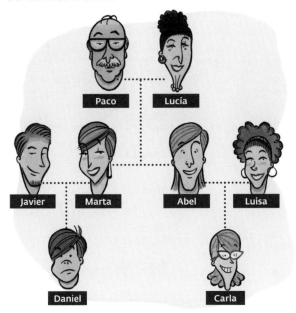

1. .... es el **abuelo** de Carla y de Daniel.

2. .... es el **marido** de Marta.

3. .... es el **yerno** de Paco y de Lucía.

4. .... es el **tío** de Daniel.

5. .... es el **padre** de Carla.

6. .... es el **sobrino** de Luisa.

7. .... es la **hermana** de Abel.

14. Look again at Daniel's family tree from the last exercise and write down their family ties.

1. Daniel es el .... de Carla.

2. Carla es la .... de Lucía.

3. Lucía es la .... de Marta.

4. Marta es la .... de Javier.

5. Javier es el .... de Luisa.

6. Luisa es la .... de Paco.

7. Paco es el .... de Javier.

15. Look at this table to fill in the sentences below. Pay special attention to the gender and number and to conjugating the verbs according to the subjects.

SER	viudo/-a/-os/-as novios/-as pareja compañeros/-as
ESTAR	soltero/-a/-os/-as casado/-a/-os/-as divorciado/-a/-os/-as
TENER	novio/-a pareja

1. Tobías y Marcela _están casados_ :
   son marido y mujer.

2. Gloria .... :
   no está casada.

3. Jacobo y Azucena .... :
   ahora no están casados, pero antes, sí.

4. Encarna .... :
   su marido, Federico, está muerto.

5. Águeda y Esteban .... :
   salen juntos y quieren casarse algún día.

6. Toni .... :
   sale con una chica, Clara, desde hace dos meses.

7. Agustín, Mabel y Encarna .... :
   trabajan en la misma oficina.

16. Finish the crossword puzzle with the suitable adjective to describe these people's personalities and what they look like. Pay special attention to the gender and the number.

horizontales

2. Dave me ayuda siempre con mis deberes de español. Es muy…

4. Los hijos de Leticia tienen el pelo muy… ¡Parecen suecos!

5. A Marta no le gusta estar con gente que no conoce porque es un poco…

7. Laura está a dieta. No lo entiendo porque yo creo que está…

verticales

1. A Pedro le gusta mucho conocer gente nueva. Es muy…

3. Carolina nunca habla de nada interesante. ¡Es un poco…

6. Carlos y Susana estudian física nuclear. Son muy…

8. Mario juega en la liga de baloncesto profesional. Es muy…

17. Combine these four words related to music with the ten words below. There might be more than one possibility.

música   de la música
de música   musicales

1. .... **clásica** ....

2. .... **revista** ....

3. .... **tipo** ....

4. .... **disco** ....

5. .... **festivales** ....

6. .... **escuchar** ....

7. .... **grupos** ....

8. .... **gustos** ....

9. .... **rock** ....

10. .... **amante** ....

SONIDOS Y LETRAS

THE R / RR SOUND

18. Listen to the following pairs of words and decide if they sound the same or differently.

1. ....   4. ....

2. ....   5. ....

3. ....

19. Look at the following words and decide if they are pronounced with a simple **r** or a multiple **r**. Then listen and check your answers.

	SIMPLE R	MULTIPLE R
rosa		
enterar		
ron		
caro		
perro		

	SIMPLE R	MULTIPLE R
burro		
puro		
careta		
retar		
carreta		

EN COMPARACIÓN

EN ESPAÑOL	EN INGLÉS
1. Me gusta cocinar, salir con amigos y hacer deporte.	**1.** ....
2.	**2.** New York is my favourite city.
3. Lola es una chica morena y bajita.	**3.** ....
4.	**4.** I like pop music but lately I'm listening to a lot of jazz.
5. Mis nietos se llaman Carlota y José.	**5.** ....
6.	**6.** I like rugby but my girlfriend likes football.
7. No me interesa mucho la política.	**7.** ....
8.	**8.** You like dancing! So do I!
9. Creo que soy una persona bastante agradable.	**9.** ....
10.	**10.** Toni and Paz are married and their son is called Diego.

DÍA A DÍA

GRAMÁTICA

IRREGULAR VERBS

Remember that irregular verbs are those with spelling changes in the root, for example **ser** (**yo soy**, **tú eres**...). In previous units we saw verbs **ser**, **tener**, **ir** and **preferir**; here are some more frequent irregular verbs in Spanish:

TYPE OF IRREGULARITY	E > IE	E > I	O > UE	G in first person
	QUERER	**PEDIR**	**ENCONTRAR**	**HACER**
(yo)	quiero	pido	encuentro	hago
(tú)	quieres	pides	encuentras	haces
(él/ella/usted)	quiere	pide	encuentra	hace
(nosotros/-as)	queremos	pedimos	encontramos	hacemos
(vosotros/-as)	queréis	pedís	encontráis	hacéis
(ellos/-as/ustedes)	quieren	piden	encuentran	hacen

As you can see, the **nosotros** and the **vosotros** forms do not have these irregularities.

▶ Other verbs with the **e > ie** irregularity: **preferir**, **tener**, **venir**...
▶ Other verbs with the **e > i** irregularity: **decir**, **repetir**, **servir**...
▶ Other verbs with the **o > ue** irregularity: **contar**, **poder**, **volver**...
▶ Other verbs with the **g** in 1st person: **decir**, **salir**, **tener**, **venir**,...

Note that some verbs have two irregularities, for example:

▶ **tener** (yo tengo, tú tienes, él/ella/usted tiene, nosotros/-as tenemos, vosotros/-as tenéis, ellos/-as/ustedes tienen)
▶ **decir** (yo digo, tú dices, él/ella/usted dice, nosotros/-as decimos, vosotros/-as decís, ellos/-as/ustedes dicen)
▶ **venir** (yo vengo, tú vienes, él/ella/usted viene, nosotros/-as venimos, vosotros/-as venís, ellos/-as/ustedes vienen)

1. Complete these sentences with the verbs in brackets in the present tense.

1. Jonah siempre me (pedir) .... el diccionario.

2. Isabel (querer) .... salir esta noche, pero nosotros (preferir) .... ver una película en casa.

3. Yo siempre (hacer) .... los deberes. ¿Y tú?

4. ● Esta noche Lucía y yo (ir) .... a tomar algo y a bailar. ¿(venir) .... con nosotras?
○ No, imposible. Mañana (tener) .... un examen a las 9 h de la mañana.

5. No (encontrar) .... mi móvil.

6. ¿Tú qué (preferir) .... para desayunar, té o café?

REFLEXIVE VERBS

The infinitive form of a reflexive verb has **se** attached to the end of it, for example **ducharse** (meaning to shower oneself). When we conjugate a reflexive verb, we place the pronoun (**me**, **te**, **se**, **nos**, **os**, **se**) before the conjugated verb:

*Mi profesora **se llama** Pilar.*

Here are other reflexive verbs in Spanish:

▶ levantarse (**me levanto**, **te levantas**, **se levanta**, **nos levantamos**, **os levantáis**, **se levantan**)

▶ acostarse (**me acuesto**, **te acuestas**, **se acuesta**, **nos acostamos**, **os acostáis**, **se acuestan**)

▶ lavarse (**me lavo**, **te lavas**, **se lava**, **nos lavamos**, **os laváis**, **se lavan**)

▶ ducharse (**me ducho**, **te duchas**, **se ducha**, **nos duchamos**, **os ducháis**, **se duchan**)

We often use reflexive verbs in Spanish to describe actions where the subject does the action to him or herself, as in:

Se maquilla. > She puts on makeup.
Me lavo las manos. > I wash my hands.

Remember that with actions involving parts of the body in English we use the possessive, whereas in Spanish the reflexive verb is the equivalent form and so the article is used with the part of the body:

*Me lavo **las** manos.* > I wash **my** hands.
*Se lava **las** manos.* > He washes **his** hands.

2. Fill the gaps with the appropriate verb in the correct form.

A.

levantarse

empezar

volver

acostarse

trabajar

salir

hacer

¿CUÁL ES TU HORARIO DE TRABAJO?

A

Berta Rodrigo. 38 años. Taxista

Depende del turno... Cuando .... de día, ... pronto, a las siete de la mañana más o menos. .... a trabajar a las ocho. Normalmente a las tres, más o menos, ... una pausa para comer. .... a casa a las seis de la tarde.
Si trabajo de noche, ... de casa sobre las 22 h. Estos días .... a las siete de la mañana aproximadamente. Por suerte, los domingos no trabajo. ¡Es mi único día de descanso!

B.

levantarse

empezar

llegar

acostarse

comer

terminar

volver

dormir

 ir

B

Natalia Aparicio. 20 años. Estudiante

En general .... muy pocas horas. .... a las 8.30 h o a las nueve menos cuarto. Las clases .... a las nueve y muchas veces .... tarde. A mediodía, normalmente .... con mis compañeros de clase en el bar de la facultad y a las tres .... a clase. Las clases .... a las cinco o a las seis. Después .... a la biblioteca con una compañera, pero no todos los días. Por la noche me gusta salir con mis amigos y, claro, nunca .... antes de la una.

DÍA A DÍA

EXPRESSING FREQUENCY

We use these expressions to say how often we do something. They can be just a word (**siempre**, **nunca**, **normalmente**...), or a phrase (**una vez a la semana**, **todos los días**). Their position in the sentence is quite flexible and you can find them at the beginning of the sentence, before the subject, or at the end of the sentence, after the verb:
Todos los lunes voy a clase de español.
Voy a clase de español **todos los lunes**.

Frequency adverbial phrases are similar to English but must not be translated word for word. For example, note that **on Mondays** in English is **los lunes** in Spanish.

Note also that the adverb **nunca** is a negative word which does not need a further **no** with the verb when placed at the beginning of the sentence:
~~Nunca no voy al cine~~. > *Nunca voy al cine*. > I never go to the cinema.

But it does need the **no** before the verb if **nunca** goes after the verb:
No voy nunca al cine. > I never go to the cinema.

3. Here is a list of common frequency phrases and adverbs in Spanish. Can you translate them into English?

- siempre   ■ *always* ....
- todos los días   ■ ....
- normalmente   ■ ....
- los sábados   ■ ....
- una vez al mes   ■ ....
- todas las semanas   ■ ....
- a menudo   ■ ....
- casi siempre   ■ ....
- tres veces al año   ■ ....
- a veces   ■ ....
- nunca   ■ ....

4. This is José Luis' diary; how often does he do the following activities?

lunes	martes	miércoles	jueves	viernes	sábado	domingo
correr clases biblioteca	correr clases tenis	correr clases biblioteca	correr clases	correr biblioteca	correr tenis salir	¡dormir! biblioteca

dormir hasta tarde

estudiar en la biblioteca

salir con sus amigos

hacer yoga

ir a correr

ir a clase

jugar al tenis

1. Casi todos los días ....
2. De lunes a jueves ....
3. Dos veces a la semana ....
4. Día sí, día no ....
5. Una vez a la semana ....
6. El domingo por la mañana ....
7. Nunca ....

YO TAMBIÉN / YO TAMPOCO / YO SÍ / YO NO

In order to say if you also do or don't do an action in Spanish we use **también** and **tampoco**, which you already learnt in Unit 5.

With verbs like gustar, encantar and interesar, we use **a mí también / a mí tampoco/ a mí sí/ a mí no**. With all other verbs we say **yo también / yo tampoco / yo sí / yo no**.

Note that in Spanish we do not use auxiliary verbs (**do / does**) but we use the subject pronoun (**yo**, **tú**, **ella**...) to emphasise the agreement or opposition:

- Voy a la universidad los viernes.
- Yo también. > So do I.

- Voy a la universidad todos los días.
- (Pues) Yo no. > I don't.

- Nunca voy a la universidad los viernes.
- Yo tampoco. > Neither do I.

- No voy a la universidad todos los días.
- (Pues) Yo sí. > I do.

5. React to the following statements using the following structures to talk about what you like and what your daily routine is.

Yo también	A mí también
A mí tampoco	A mí sí
Yo no	Yo tampoco
Yo sí	A mí no

1. Me gusta acostarme pronto. ....

2. Vivo en una casa en las afueras. ....

3. No me interesa la política. ....

4. No como mucha fruta. ....

5. Todos los días desayuno café y tostadas.

    ....

6. Me ducho siempre por las noches. ....

7. Me encanta ir al teatro. ....

8. No me gusta salir de noche. ....

SAYING THE TIME

Saying the time is very similar in English and in Spanish. We can both use the 12 or the 24-hour clock (although the use of the 24-hour clock in Spanish is restricted mainly to timetables and schedules in airports, buses, and train stations).

In both languages we say how many minutes are past or are left to the next hour when we use the 12-hour clock. The main difference is in the order we say this information and the elements we need to include in the sentence.

6. Look at the examples below and complete the table.

Es la una en punto. > It is one o'clock.

Son las dos y diez. > It is ten past two.

Son las tres y cuarto. > It is quarter past three.

Son las cuatro y media. > It is half past four.

Son las cinco menos veinte. > It is twenty to five.

Es la una menos cuarto. > It is quarter to one.

▶ In English we use the verb .... to say the time and in Spanish we use ....

▶ In English the time is always singular (**It is**...), but in Spanish the verb agrees with ....

▶ In Spanish we also use an article **la/s** which agrees in number and gender with ....

▶ In English we say the .... first, and then the .... whereas in Spanish we say the .... first and then the ....

▶ The words for **past** and **to** in Spanish are .... and ....

7. Write down the times below using the 12-hour clock.

1. ....

2. ....

3. ....

4. ....

5. ....

6. ....

8. Complete these sentences with the correct form of the verb **ser** plus the article and then write the times down with numbers.

.... tres y media.	
.... una menos veinte.	
.... seis y cuarto.	
.... dos menos cuarto.	
.... una y cinco.	
.... cinco menos veinticinco.	
.... once y veintiuno.	

9. Complete the sentences with **a**, **de**, **en**, **por** or **Ø**.

1. Mis clases empiezan .... las nueve .... punto .... la mañana.

2. .... los domingos me levanto .... las diez y media.

3. .... el martes .... la mañana voy a la universidad y .... la tarde juego al tenis.

4. .... todos los días antes .... dormir leo un rato.

5. .... verano viajo con mis amigos.

6. .... mediodía como en la cafetería de la universidad y .... la noche ceno en casa.

7. Normalmente estudio en la biblioteca después .... salir de clase.

VOCABULARIO

10. Read these sentences and decide which day of the week they refer to.

1. El primer día de la semana en España: ....

2. El día en que casi todas las tiendas cierran en España: ....

3. Empieza con la letra uve: ....

4. Empiezan con la letra eme: .... y ....

5. Los días del fin de semana: .... y ....

6. El cuarto día de la semana: ....

11. Below are words and phrases containing the word **día**. Read the clues and then complete them.

1.	Fórmula para saludar.	¡............. días!
2.	Lunes, martes, miércoles…, ¡siempre!	.... días
3.	Nombre de la parte del día entre las 13 y las 15 h, aproximadamente.	...........día
4.	A esta pregunta puedes responder: "¿Hoy? Viernes.".	¿..... día ....?
5.	Celebración del 6 de enero en la que los niños españoles reciben sus regalos.	día ....

12. Below are words and phrases containing the word **hora**. Read the clues and then complete them.

1.	60 minutos.	.... hora
2.	Frase para pedir la hora.	Perdona, ¿........... hora?
3.	Palabra que significa "en este mismo momento".	....hora
4.	30 minutos.	...........hora
5.	Principio de una frase para preguntar cuándo sucede algo.	¿.... .... hora… ?
6.	Tiempo que una persona está en el trabajo.	hora..... de trabajo

13. Complete the table below to classify months of the year and seasons in Spain.

abril	febrero	mayo
agosto	julio	noviembre
diciembre	junio	octubre
enero	marzo	septiembre

primavera	
verano	
otoño	
invierno	

14. Read the sentences below and match them with the most appropriate adjective from the list.

tímido/a	
juerguista	
dormilón/ona	
presumido/a	
sano/a	
casero/a	

1. Le gusta ponerse ropa bonita y elegante y se mira mucho al espejo.
2. No le gusta mucho salir, prefiere estar en casa.
3. Siempre hace deporte, come muchas verduras, nunca fuma y no bebe alcohol.
4. No le gusta levantarse pronto y le encanta dormir mucho.
5. Casi nunca está cómodo cuando tiene que hablar en público o cuando conoce a gente nueva.
6. Le encantan las fiestas y salir por la noche los fines de semana.

15. Complete the table below with these words to find some more common combinations in Spanish.

fotos	los deberes	al gimnasio	la cama
de noche	a la piscina	con José	con unos amigos
a bailar	yoga	deporte	
la compra	al baño	a la peluquería	
a clase	de casa		

IR	SALIR	HACER

16. Combine the verb **ir** with the words below to find out some frequent phrases in Spanish. Make sure you take into account the preposition and article already chosen for you.

cine	concierto	playa
clase	excursión	teatro
compras	exposición	universidad

IR

····a ....

····al ....

....

····a la ....

....

····a un ....

····a una ....

....

····de ....

....

SONIDOS Y LETRAS

17. Listen to these dialogues and choose the time that you hear.

- 3:15 / 2:45
- 10:30 / 12:30
- 11:40 / 12:20
- 21:00 / 9:00

18. Listen and write down in letters the times that you hear.

1. ....

2. ....

3. .... ,
....

4. De ....a
....

EN COMPARACIÓN

EN ESPAÑOL	EN INGLÉS
1. Oye, perdona, ¿tienes hora?	**1.** ....
2.	**2.** During the weekends, I like to go out with my friends and I never go back home before 3 am.
3. Disculpe, ¿me puede decir qué hora es, por favor?	**3.** ....
4.	**4.** I go to the gym from 9 to 11 am because it is very quiet at that time.
5. Los lunes siempre me levanto a las siete de la mañana, pero de martes a viernes me levanto a las siete y media.	**5.** ....
6.	**6.** Mike often plays tennis on Saturdays, and so do we.
7. Los viernes no tenemos clase en la universidad y a veces vamos al cine por la mañana.	**7.** ....
8.	**8.** I usually brush my teeth three times a day and always before going to bed.

¡A COMER!

GRAMÁTICA

IMPERSONAL SE

1. What do you know about paella? What kind of paella would you like to taste? Read the following sentences to help you make your choice.

1. La paella es un plato típico de la costa mediterránea y, en particular, de la Comunidad Valenciana.

2. <u>La paella</u> **se prepara** en una sartén redonda en la que **se cocinan** <u>todos los ingredientes</u>.

3. **Se pueden** encontrar <u>muchos tipos de paella</u>: la valenciana (lleva pollo, conejo y caracoles), la marinera (con pescado y marisco), la mixta (lleva carne y pescado), <u>la paella de montaña</u> (que **se hace** con pollo, setas y conejo)...

4. Los puristas de la paella afirman que <u>la paella</u> **se cocina** con leña de naranjo y normalmente el cocinero es el padre de familia.

5. <u>La paella</u> normalmente **se come** al mediodía.

2. Pay attention to the structures in bold letters and to the underlined words and fill in this table.

1. Who does the action in all those sentences?	
2. What is the person of the verbs that follow **se**?	
3. When do we use the singular form and when do we use the plural form?	

There are times when we do not know who the subject (who does something) of an action is or we simply just do not want to refer to it. In Spanish there are various ways to highlight and focus on what is done rather than who does it. One way is by using the structure **se** + verb in the third person. The verb always agrees with the noun it refers to:
*La tortilla española **se hace** con patatas, huevos y cebollas.*
***Se cocinan** todos los ingredientes en una sartén.*

If there is no noun, the verb is always used in the singular form:
*En España **se cena** muy tarde.*

We do not use the impersonal **se** with verbs like **gustar**, **encantar**, **interesar** or with reflexive verbs:
~~En España se gusta comer con vino.~~ > *A los españoles **les gusta** comer con vino.*
~~En España se acuesta tarde.~~ > *En España **la gente se acuesta** tarde.*

3. Match each sentence with its right answer.

1. Creo que aquí la gente trabaja muchas horas.	**a.** Sí, **trabaja** mucho.
2. Paula por las mañanas trabaja como profesora voluntaria y por las tardes trabaja en una tienda de informática. Y, además, algunos sábados organiza excursiones para turistas.	**b.** Sí, **se trabaja** mucho.

4. Which is the subject of these sentences?

1. .... **se aprenden** para comunicarse.
a. Las lenguas   **b.** Los estudiantes

2. .... **se come** muy pronto.
a. Mi hermano   **b.** En mi casa

3. .... **se preparan** los mejores cócteles de la ciudad.
a. En ese bar   **b.** Esos dos camareros

4. .... **se dice** "buen provecho" cuando alguien come.
a. En España   **b.** Un amigo español

5. .... **se elaboran** los mejores jamones de la ciudad.
a. Estas regiones   **b.** Aquí

5. Fill in these generalizations about several countries. But be careful! Sometimes you will be able to use **se** and sometimes you won't!

1. Los italianos (comer) .... mucha pasta.

2. En Francia (servir) .... el queso al final de las comidas.

3. En El Caribe (usar) .... el plátano en muchos platos.

4. Los alemanes (beber) .... mucha cerveza.

5. En la India (poner) .... mucho picante en las comidas.

6. Los españoles (cocinar) .... con bastante aceite de oliva.

6. What is it like in your country?

■ ¿Qué se come?

....
....

■ ¿A qué hora se come?

....
....

■ ¿Qué se dice para brindar?

....
....

■ ¿Con qué ingrediente/s se cocina más?

....
....

■ ¿A qué hora se cena?

....
....

7. Pay attention to the impersonal **se** and to the conjugated verbs. Can you complete the other sentences?

> Generalmente la paella ...*se hace*... con carne y pescado, pero yo la *hago* solo con verduras.

1. La mayonesa (comprar) .... en el supermercado, pero yo la (hacer) .... en casa. Es muy fácil.

2. En general la piel de los limones no (usar) ...., pero yo la (usar) .... para hacer postres.

3. En España los turrones (comer) .... durante las fiestas de Navidad, pero yo los (comer) .... todo el año.

DIRECT OBJECT PRONOUNS

8. Read the following sentences and complete the table.

		What does the word in bold letters refer to?
1.	Me gusta mucho el gazpacho, pero solo **lo** como en verano.	
2.	Mi madre sabe que la paella es mi plato favorito, por eso **la** prepara cuando voy a casa de visita.	
3.	A Ana le encantan los bombones, pero no **los** come porque está a dieta.	
4.	Las patatas fritas, ¿**las** compras en el supermercado ya hechas o **las** haces tú?	

Direct object pronouns stand in for nouns when it is clear what is being talked about, and save having to repeat the noun:

Necesito **una impresora** nueva. > **La** necesito para trabajar.
Me gustan mucho **las películas románticas**. > Siempre **las** veo en el cine.
Teresa lee **el periódico** todos los días. > **Lo** lee mientras desayuna.
Marina hace **los macarrones** muy buenos. > **Los** hace con mucho queso.

Remember that every noun is masculine or feminine and singular or plural. The direct object pronoun must reflect the gender and the number of the noun it replaces.

The direct object pronoun always comes before the verb in the present tense.

9. In this text Silvia talks about her boyfriend but she repeats **las flores** too many times. Use direct object pronouns to avoid these repetitions.

Mi novio es muy romántico. Siempre me compra flores. Compra las flores en una floristería del centro y me envía las flores por mensajería. Cuando el mensajero trae las flores a la oficina, todos mis compañeros salen a ver las flores y me dicen que tengo mucha suerte.
Yo no digo nada porque no sé cómo explicar que odio las flores... ¡porque soy alérgica!

....

....

....

....

....

10. What are these direct object pronouns referring to?

1. **Las** como en ensalada.
   a. las zanahorias
   b. los tomates

2. **La** tomo muy caliente.
   a. el café
   b. la leche

3. En este restaurante **lo** hacen muy bueno.
   a. la paella
   b. el cocido

4. **Los** compro en el súper.
   a. las sardinas
   b. los huevos

11. Fill in the following dialogues with the correct direct object pronoun (**lo**, **la**, **los**, **las**).

1.
   ● Un té, por favor.
   ○ ¿......... quiere con leche o con limón?

2.
   ● Estos macarrones están deliciosos.
   ○ No están mal, pero mi madre .... hace mejor.

3.
   ● Unas patatas fritas, por favor.
   ○ ¿......... quieres con ketchup o con mayonesa?

4.
   ● ¿A ti cómo te gusta comer la tortilla?
   ○ ¿La tortilla? Pues siempre .... como fría.

TÚ AND USTED; VOSOTROS/-AS AND USTEDES

Remember that **usted** and **ustedes** are used when addressing people in a formal or respectful manner (instead of **tú / vosotros-as**). We might use these forms when addressing our boss, someone who is elderly or people we do not know, although their use varies widely depending on the social and geographical context.

These forms are second person but the verb and pronoun take the third person form:
¿Usted **se llama** Pedro?
Ustedes **se acuestan** muy temprano, ¿verdad?

 In Latin America **vosotros** is rarely used. **Ustedes** is used for the second person plural form (and it's not formal).

12. Read these answers and write the most suitable questions for them. Use the **tú / vosotros** and **usted/es** forms.

1.
   ■ (tú) ....
   ■ (usted) ....
   ● Sí, un momento... Son las tres y media.

2.
   ■ (vosotros) ....
   ■ (ustedes) ....
   ● Yo me llamo Daniel y él, Pedro.

3.
   ■ (vosotros) ....
   ■ (ustedes) ....
   ● Para mí, un zumo de tomate, por favor.
   ○ Yo una cerveza.

4.
   ■ (tú) ....
   ■ (usted) ....
   ● Sí, una hermana mayor y un hermano pequeño.

VOCABULARIO

13. Classify this food. Can you add two more to each column?

anchoas   chorizo   limones   pan   pollo

atún   cordero   macarrones   patatas   queso

bacalao   gambas   melón   pavo   yogur

cebolla   jamón   merluza   pepino   ternera

cerveza   lechuga   naranjas   pimiento   vino

PRODUCTOS LÁCTEOS	CEREALES Y PASTA	CARNE Y EMBUTIDO	FRUTA	VERDURAS Y HORTALIZAS	BEBIDAS	PESCADO Y MARISCO

14. Here you have six different ways of preparing food. If necessary, complete with the missing words.

1. ternera . . . . guisada

2. pollo . . . . asado

3. pavo . . . . plancha

4. cordero . . . . horno

5. verduras . . . . vapor

6. patatas . . . . fritas

15. Complete with the missing preposition (**con**, **de**, **sin**).

1. zumo . . . . naranja

2. café . . . . leche

3. sopa . . . . verduras

4. helado . . . . vainilla

5. bacalao . . . . tomate

6. yogur . . . . miel

7. agua . . . . gas

8. cerveza . . . . alcohol

16. Complete this table with the names of the different meals in Spain and the verbs.

HORA APROXIMADA	entre las 7 y las 9 h	entre las 13.30 y las 15.30 h	entre las 17 y las 18 h	entre las 20 y las 22 h
NOMBRE				
VERBO	desayunar			

17. Classify the food from exercises 14 and 15 in the following table.

DESAYUNO	COMIDA	CENA

18. Translate these expressions into English. Do you always use the same word in English for **plato**?

un **plato** de verduras	
un **plato** de plástico	
primer **plato**	

19. Translate these expressions into English. Do you always use the same verb in English for **pedir**?

pedir un bocadillo	
pedir información	
pedir la cuenta	
pedir en un restaurante	
pedir un favor	

ARTICLES

 As you saw on unit 3, definite articles (**el**, **la**, **los**, **las**) agree in gender and number with the noun they go with.

20. Write the correct definite article.

el	agua
	té
	leche
	café
	fruta
	pan
	ketchup
	calamares
	queso
	flan
	yogur
	gambas
	croquetas
	aceite
	nachos
	bistec
	arroz
	verdura
	fideos

SONIDOS Y LETRAS

21. Listen to the following words and mark down the ones you hear.

crudo	cruda
guisados	guisadas
frito	frita
asados	asadas
cocido	cocida
frío	fría

22. Now listen again and repeat after each word. Make sure that you distinguish these two sounds **-o** and **-a**, as they often mark if a word is masculine or feminine.

EN COMPARACIÓN

EN ESPAÑOL	EN INGLÉS
1. ¿Qué lleva la ensalada césar?	**1.** ....
2.	**2.** The bill, please.
3. ¿Dónde pongo la leche: en la nevera o en el armario?	**3.** ....
4.	**4.** I'll have the onion soup for starters.
5. ¿Pedimos la cuenta?	**5.** ....
6.	**6.** In many bars there's food to go.
7. ¿Me pone un café con leche, por favor?	**7.** ....
8.	**8.** How do you take your tea?
9. El té lo tomo normalmente con leche y un poco de azúcar, pero el café lo tomo solo.	**9.** ....
10.	**10.** In Spain, do they drink wine with lunch?

GRAMÁTICA

USING SER, ESTAR, HABER AND TENER TO DESCRIBE A PLACE

Remember verbs **ser**, **estar** and **haber** that you learnt in unit 3: they all can be used to describe a place, an event or a thing.

▶ **Ser** is used to identify (name, profession, nationality, origin...) and to describe characteristics (what is it like?).

- ¿Quién **es** esa chica?
- **Es** mi prima María.

- ¿Cómo **es** tu barrio?
- **Es** bastante ruidoso.

- ¿Qué **es** una farmacia?
- **Es** un lugar donde compras medicinas.

▶ **Estar** is used to describe location (where) and physical and psychological states.

¿Dónde **está** tu barrio?

Hoy **estoy** un poco cansada.

1. Complete these sentences with the correct form of verbs **ser** or **estar**.

El barrio de San Andrés...

1. .... muy agradable para vivir.

2. .... lejos del paseo marítimo.

3. .... un barrio de gente trabajadora.

4. .... cerca del centro.

5. .... bien comunicado con otras partes de la ciudad.

6. .... el tercer barrio con más habitantes de la ciudad.

Remember that **hay** (from the verb **haber**) is used to refer to the actual existence of a person, a place, an event or a thing. In Spanish it is always one word and it does not change from singular to plural, whereas in English we say **there is** (singular) or **there are** (plural):

- ¿Y qué **hay** en tu barrio?
- Pues **hay muchos bares**, pero no **hay ningún buen restaurante**.

When describing a place, **tener** is also used to say the facilities or amenities a place has:

- ¿Tu barrio **tiene** buenas tiendas?
- **Tiene** un par de tiendas de comida, pero no son muy buenas.

Hay and **tiene** can be used when describing a place. They have a different grammatical structure:

▶ **Hay** is an impersonal verb and therefore it does not have an actual subject. When we use **hay**, we are saying what there is in a place:
*En mi barrio **hay** un supermercado.* > In my neighbourhood **there is** a supermarket.

▶ **Tener** is a personal verb, and when we use it we must say who or what is the subject, and it has to agree with the subject:
*Mi barrio **tiene** un supermercado.* > My neighborhood **has** a supermarket.

Note that we use **tiene** because **mi barrio** is a place, it, and therefore a 3rd person singular subject.

! Remember that **tener** is also used to express the need or obligation to do something. We use **tener que** + a verb in infinitive to say that someone has to do something:
*¡Pedro y tú **tenéis que venir** a casa a visitarnos pronto!*

2. Complete the sentences below with **hay** or the correct form of the verb **tener** in each case.

1. En esa avenida .... muchos bares y restaurantes.

2. Aquí .... dos escuelas públicas.

3. Este barrio .... estación de metro.

4. En esta ciudad no .... ningún museo.

5. El pueblo .... una biblioteca municipal.

6. En el centro de la ciudad .... una estación de tren.

7. Por aquí cerca .... varios edificios históricos.

Remember also that **hace** (form the verb **hacer**) is used instead of **ser** to say what the weather is like in expressions such as:
Hace calor. > It is hot.
Hace sol. > It is sunny.
Hace frío. > It is cold.
Hace viento. > It is windy.

3. Complete these texts using **está**, **hay**, **hace** or the correcty form of the verb **ser**.

SEVILLA

Aquí se vive muy bien. Sevilla ....

una ciudad muy alegre y muy bonita. Además,

los sevillanos en general ....

muy abiertos. .... muchísimos

monumentos y sitios bonitos, como la Torre del

Oro, la catedral, la Giralda, el barrio de Santa Cruz...

Y, lo más importante: .... muchos

lugares para comer bien y salir. Aquí se come muy

bien. Además, el clima .... muy

bueno, siempre .... sol, aunque en

verano .... demasiado calor. Mis

recomendaciones: un paseo por la ribera del río

Guadalquivir; .... muy agradable,

sobre todo en verano.

JULIÁN CABALLERO

ZARAGOZA

Zaragoza .... muy bien situada: .... entre Barcelona y Madrid, y ahora .... conectada con esas dos ciudades con el tren de alta velocidad. Además, también .... cerca de los Pirineos y bastante cerca del mar. Una de las cosas que más me gustan de Zaragoza .... que hay tres ríos. El más impresionante .... el Ebro. También .... edificios muy bonitos, como la basílica del Pilar, la Seo o el museo Pablo Gargallo. Mis recomendaciones: .... que venir a Zaragoza durante las fiestas del Pilar, el 12 de octubre.

ESTHER RUIZ

Remember that to say *a* and *some* we use **un**, **uno/-a** (singular) and **unos/-as** (plural). **Un** is used for a masculine and singular noun when it does appear before the actual noun:

*Disculpe, ¿hay **un** parking por aquí cerca?* > Excuse me, is there **a** car park near here?

However, when it replaces the noun it takes the full form **uno** and in English it is translated as *one*.

*¿**Un** parking? Sí, al final de esta calle hay **uno**.* > Yes, there is **one** at the end of this street.

4. Fill in the blanks with **un, uno/-a/-os/-as**.

1

En este barrio hay .... parques preciosos.

2

Aquí tenemos .... centro comercial muy grande.

3

Pontevedra es .... ciudad preciosa.

4

En esta calle no hay ningún cajero automático, pero hay .... en la primera a la derecha.

5

Bilbao no tiene mar, pero cerca hay .... playas muy bonitas.

6

- Perdona, ¿sabes si hay .... parking cerca?
- Sí, al final de esta calle hay .... muy grande.

QUANTIFIERS: ALGÚN, ALGUNO/-A/-OS/-AS; NINGÚN, NINGUNO/-A/-OS/-AS

When asking questions, *a* or *any* can become **algún** (masculine) or **alguna** (feminine) in Spanish:
Perdone, ¿sabe si hay alguna tienda en esta calle? > Excuse me, do you know if is there a / any shop in this street?

When the answer (or the question) is negative, we use **ningún**, **ninguno/-a** to say that there isn't any:
No, creo que no hay ninguna iglesia por aquí. > No, I don´t think there is any church near here.

 Note that we use **no** + **hay** + **ningún**, **ninguno/-a**; but when **ningún**, **ninguno/-a** is before the verb, there is no need to use **no**:
- *¿Va a invitar a todos sus amigos a la fiesta?*
- *Sí, pero ninguno puede venir. / Sí, pero no puede venir ninguno.*

Note also that in the same way that **un** becames **uno** when replacing the noun it refers to, **algún** and **ningún** become **alguno** and **ninguno**:
- *¿Va a venir algún compañero de trabajo a la fiesta?*
- *Solo alguno porque muchos tienen una reunión mañana a primera hora.*

5. Fill in the blanks to complete the dialogues with the most appropriate words from the choices below.

1.
- Disculpe, ¿en este barrio .... hotel?
a. hay algún   **b.** hay uno
- Sí, ... El hotel Miraflores.
a. hay algún   **b.** hay uno

2.
- Perdona, ¿por aquí .... tienda de ropa?
a. hay   **b.** hay alguna
- Pues no, lo siento, ...
a. hay ninguna   **b.** no hay ninguna

3.
- ¿Dónde está la oficina de Correos?

- En este barrio .... Tiene que ir a la del centro.
a. no hay ninguna   **b.** no hay ninguno

4.
- ¿Sabe dónde está el cine Comedia?
- Ese cine ya está cerrado. Ahora .... en el barrio.
a. no hay uno   **b.** no hay ninguno

5.
- Disculpa, ¿ .... una gasolinera por aquí cerca?
- No lo sé. Es que no conozco este barrio.
a. hay ninguna   **b.** hay alguna

ASKING FOR AND GIVING DIRECTIONS

In Spanish, when asking for directions (as well as when asking for any other information to people you do not know), you need to be aware of the formal and informal ways of addressing people:
Perdona, ¿sabes si hay una parada de autobús por aquí cerca? (informal) /
Perdone, ¿sabe si hay una parada de autobús por aquí cerca? (formal)
> Excuse me, do you know if there is a bus stop near here?

Remember that the formal 2nd person singular pronoun is **usted** and it goes with the verb in 3rd person.

6. Look at the sentences below and say if they are formal (F) or informal (I).

		F	I
1.	Perdona, ¿sabes dónde está la calle Adriano?		
2.	Disculpa, ¿sabes si el Palacio Real está lejos?		
3.	Disculpe, ¿sabe si hay una parada de taxis por aquí cerca?		
4.	Tiene usted que seguir todo recto unos 5 minutos.		
5.	Sí, coges esta calle, llegas a la plaza y después giras a la derecha.		

EL BARRIO IDEAL

TALKING ABOUT LIKES AND DISLIKES

Remember we use the verb **gustar** to say what we like in Spanish. In order to say what you like (or dislike) the most, we use the structure:

▶ **Lo que más / menos me gusta es / son** + noun
Lo que menos me gusta de mi ciudad es el ruido.

❗ You need to use the plural form of the verb (**son**) if what you like is a plural noun: *Lo que más me gusta de mi barrio son las tiendas.*

▶ **Lo que más / menos me gusta es** + que + sentence
Lo que más me gusta de mi ciudad es que hay muchos parques.

You can also use sentences such as:

▶ **Una cosa que me gusta es (que) / son...**

▶ **Una cosa que no me gusta nada es (que) / son...**

▶ **Algo que me encanta es (que) / son...**

▶ **Algo que odio es (que) / son...**

7. Match the two parts of these sentences.

Una cosa que me encanta de mi ciudad es que	hay muchos bares y restaurantes.
Lo que más me gusta de mi barrio es que	está muy bien comunicada con las otras ciudades de la región.
Algo que odio de mi barrio es que	el ruido.
Una cosa que no me gusta nada de mi calle es	los pubs.
Algo que me encanta de mi ciudad son	no hay una estación de tren cerca.

PREPOSITIONS: A, EN, DE

Prepositions can hardly be translated from one language into another. We need to look at them and understand how they work in each situation. In this unit, we use **a**, **en** and **de** to indicate location and movement to and from; however, these are not the only cases when you will use these words. You will learn more contexts for the use of these prepositions as you keep learning Spanish.

8. Complete these sentences with prepositions a (al, a la), de or en.

1. La biblioteca está un poco lejos, pero puedes ir .... metro o .... bus.

2. Giras .... izquierda y hay un banco justo .... final de la calle.

3. Siempre voy a un cine que está .... cinco minutos .... pie .... mi casa.

4. ¿Quieres ir .... coche .... centro ahora? A estas horas hay mucho tráfico...

5. ¿El metro? Está aquí mismo, ... la esquina.

6. Mi barrio no está mal comunicado: .... tren estoy .... el centro en cinco minutos.

9. Translate these sentences from the previous activity. Then answer the questions below.

1. Giras **a** la izquierda y hay un banco justo **al** final de la calle.

   ....

2. Siempre voy **a** un cine que está **a** cinco minutos **a** pie de mi casa.

   ....

3. ¿Quieres ir en coche **al** centro ahora? **A** estas horas hay mucho tráfico...

   ....

- Did you translate preposition **a** in the same way in every sentence?
- Is there any sentence where the preposition is not needed when translated into English?

PREPOSITIONS: POR, PARA

Remember from unit 2 that in Spanish **por** and **porque** are used to express a reason; whereas **para** is used to express a purpose.

▶ **Por** is followed by a noun: *Estudio español **por** mi novia.*
▶ **Porque** is followed by a sentence: *Hablo inglés **porque** mi madre es irlandesa.*
▶ **Para** is followed by an infinitive verb: *Escucho canciones en español **para** mejorar mi pronunciación.*

Para is also used to express the beneficiary of an action. **Para** is followed by a noun in this case: *Este libro es **para** tu hermana.*

10. Read the sentences below, find five mistakes in the use of **por**, **porque** and **para**.

- Este barrio es ideal por los estudiantes porque está muy cerca de la universidad.
- Me gusta mucho mi barrio por tiene mucha vida de día y de noche.
- Este es uno de los mejores barrios de la ciudad por ir de tapas y salir de fiesta.
- En el barrio de Lavapiés viven muchos jóvenes porque los alquileres son baratos.
- Mi barrio es muy céntrico, pero no es un buen sitio por las familias con niños porque la falta de colegios.

VOCABULARIO

11. Classify these words in the table below.

avenida, banco, bar, biblioteca, bloque de pisos

calle, casa, cine, escuela, estación de metro

farmacia, gimnasio, hospital, mercado, museo

oficina de correos, parada de autobús, paseo, piso, plaza

restaurante, supermercado, tienda de ropa, tren de alta velocidad, universidad

comercio y servicios	vías	vivienda	educación y cultura	salud y deporte	transporte

12. Complete these phrases with the correct word in each case and then translate them into English.

1 .... un barrio con mucha... la calidad de...	
2 .... el ... de la ciudad un ... comercial	
3 .... ir al super... el ... laboral	

SONIDOS Y LETRAS

A syllable is a unit of pronunciation having usually one vowel sound, with or without surrounding consonants, forming the whole or a part of a word. Words in Spanish can have from one to more than four syllables, although the most common ones are two and three syllable words.

In Spanish, syllables tend to end in a vowel whereas in English they end in consonant sounds more often. Look at the word **supernatural**, which is spelled the same in both languages, and see how the syllable break down is different:
English: **su-per-nat-u-ral**
Spanish: **su-per-na-tu-ral**

DIPHTHONGS

Vowel sounds are divided into open (**a**, **e**, **o**) and closed (**i**, **u**). When we have two closed vowels in the same syllabe (as in **ciu-dad**) or one closed and one open vowel (as in **tie-nes**), we have a diphthong.

Whenever there is a closed and open vowel combination and the accent falls in the closed vowel, the syllable is split into two, like in **pa-ís**.

Two open vowels always belong to two different syllables in Spanish, like in **á-re-a**.

13. Can you break down into syllables the following words in Spanish? Indicate if they have 2, 3 or 4 syllables.

biblioteca	parque	ningún
pregunta	Argentina	ninguna
dibujo	bonito	Pontevedra
Sevilla	alegre	mucha
torre	histórico	casa
casco	Zaragoza	

2 sílabas	3 sílabas	4 sílabas

14. Break down these words in syllables and indicate where a diphthong occurs.

1. barrio

2. tranquilo

3. autobús

4. izquierda

5. gimnasio

6. biblioteca

7. estación

8. antiguo

9. artesanía

10. alguien

EN COMPARACIÓN

EN ESPAÑOL	EN INGLÉS
1. Lo que más me gusta de mi ciudad es que está muy bien comunicada con las otras ciudades de la región.	**1.**
2.	**2.** Excuse me, sir, do you know if there is a bank near here?
3. Disculpa, ¿sabes si hay una parada de taxis por aquí cerca?	**3.**
4.	**4.** In my street there are three pubs, and one restaurant, but there is no supermarket or any shop to buy food.
5. ¿Cómo se llama la tienda donde se pueden comprar sellos?	**5.**
6.	**6.** A post office is a place where you can buy stamps.
7. Me encanta mi barrio porque tiene mucha vida de día y de noche.	**7.**
8.	**8.** You need to continue straight on until the end of this street and take a left there. The bust stop will be on your left hand side.

GRAMÁTICA

PRETÉRITO PERFECTO

1. Teresa has written this email to her friend Emma. Read it and answer in English the questions below.

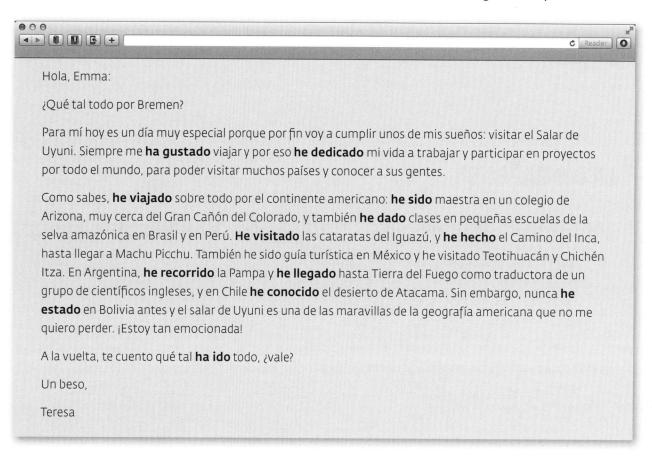

Hola, Emma:

¿Qué tal todo por Bremen?

Para mí hoy es un día muy especial porque por fin voy a cumplir unos de mis sueños: visitar el Salar de Uyuni. Siempre me **ha gustado** viajar y por eso **he dedicado** mi vida a trabajar y participar en proyectos por todo el mundo, para poder visitar muchos países y conocer a sus gentes.

Como sabes, **he viajado** sobre todo por el continente americano: **he sido** maestra en un colegio de Arizona, muy cerca del Gran Cañón del Colorado, y también **he dado** clases en pequeñas escuelas de la selva amazónica en Brasil y en Perú. **He visitado** las cataratas del Iguazú, y **he hecho** el Camino del Inca, hasta llegar a Machu Picchu. También he sido guía turística en México y he visitado Teotihuacán y Chichén Itza. En Argentina, **he recorrido** la Pampa y **he llegado** hasta Tierra del Fuego como traductora de un grupo de científicos ingleses, y en Chile **he conocido** el desierto de Atacama. Sin embargo, nunca **he estado** en Bolivia antes y el salar de Uyuni es una de las maravillas de la geografía americana que no me quiero perder. ¡Estoy tan emocionada!

A la vuelta, te cuento qué tal **ha ido** todo, ¿vale?

Un beso,

Teresa

a. ¿Qué países ha visitado Teresa?

....

b. Observa los verbos en negrita y escríbelos en esta tabla. ¿Sabes cuál es el infinitivo de cada verbo?

verbo en negrita	infinitivo

c. Todos estos verbos en negrita tienen dos partes. ¿Cuáles?

....

....

d. ¿Qué verbo se repite en todas las estructuras?

....

....

e. ¿Hay una estructura similar en inglés? ¿Cómo se llama?

....

....

PRETÉRITO PERFECTO: FORM

The Spanish **pretérito perfecto** is a perfect tense, meaning that it is a two-word verb. It combines an auxiliary verb (**haber**) in the present tense with the past participle (**participio**) of the main verb. In English, we also use the auxiliary *have* in the present tense with the past participle of a verb (the form ending in *-ed* or irregular) to say what we have done. This tense is called present perfect in English:
He estado en Bilbao muchas veces. > I **have been** to Bilbao many times.

2. Complete the table below with the present tense of the verb **haber**, the auxiliary verb in the **pretérito perfecto** tense in Spanish.

	PRESENTE DE HABER	+ PARTICIPIO
(yo)		
(tú)		
(él/ella/usted)		caminado
(nosotros/-as)	hemos	leído
(vosotros/-as)		salido
(ellos/-as/ustedes)	han	

Past participles are either regular or irregular. In English, regular participles are those which add *-ed* at the end of the infinite form of a verb.

3. Look at these participles and classify them in the table below.

estudiado   sido   dicho
estado   hecho   llamado
vivido   comido   puesto

REGULAR		IRREGULAR
infinitive in -ar	**infinitive in** -er/-ir	

The past participle of a verb indicates a completed action but without reference to the person who did it. That is why we need an auxiliary, which is the part of the verb indicating who did the action, and so in Spanish it needs to be conjugated.

Note that, in informal spoken English, you can just use the participle (***been there***, ***done that***). This is impossible in Spanish, where we always need the auxiliary verb **haber**.

In Spanish, the regular form is obtained by dropping the **-ar**, **-er** or **-ir** of the infinitive and adding **-ado** for verbs in **-ar**, and **-ido** for verbs in **-er** and **-ir**. Irregular verbs vary in both languages and they include changes in the endings but also sometimes in the root of the verb.

INFINITIVO	PARTICIPIO
habl**ar**	habl**ado**
com**er**	com**ido**
viv**ir**	viv**ido**

4. These are some common irregular participles in Spanish. Can you write down the infinitive form?

abierto	
descubierto	
escrito	
hecho	
muerto	
puesto	
roto	

traído	
vuelto	
dicho	
compuesto	

Like in English, the participle does not change its ending in the perfect tenses:

*Susana ha **hablado** con María.* > Susana has talked to María.
*Hemos **hablado** con María.* > We have talked to María.

Note that, unlike in English, the auxiliary and the participle cannot be split by having any other word between them:

Hemos ya hablado con María. > *Ya hemos hablado con María.*

5. Re-arrange these words in the correct order so they make a sentence.

1. Nunca en he Oviedo estado.

   ....

   ....

2. ¿un koala Has alguna vez visto?

   ....

   ....

3. he ninguna novela leído No de García Márquez

   ....

   ....

4. última película de Scorsese la Ya he visto.

   ....

   ....

5. ¿a tu madre Has ya llamado?

   ....

   ....

6. Complete the sentences below with the appropriate form of the verbs in brackets in the **pretérito perfecto** and then match the questions with their answers.

1. Chicos, ¿ (visitar) .... Sevilla alguna vez?

2. Sara, ¿ (leer) .... alguna novela de García Márquez?

3. Hay un restaurante nuevo en la Plaza Castilla. ¿Vamos esta noche?

4. ¿Qué tal la nueva película de Almodóvar?

a. Unos amigos míos la (ver) ...., y les (gustar) .... mucho.

b. Sí, muchas veces. Nos escanta esa ciudad.

c. ¡Pero qué mala memoria tienes! (cenar) .... juntos allí un par de veces.

d. Sí, *Crónica de una muerte anunciada*. Es muy buena.

7. Look at the sentences from the exercise 7 and answer these questions.

- When did they visit Sevilla?
- When did she read García Márquez's novel?
- When did they go to the restaurant in Plaza Castilla?
- When did their friends see Almodóvar's film?

The answer to all the questions of the last exercise is "we don't know". Both in Spanish and in English, the **pretérito perfecto** (present perfect) tense is used to talk about finished actions but without necessarily saying when they took place. We use it to talk about our experiences and frequently, although not always, in combination with phrases such as **siempre**, **nunca**, **alguna vez**, **ya**, **todavía no**, **una vez**, **dos veces**, **tres veces**, etc.

Remember that **nunca** can be used at the beginning of the sentence, or after the verb, but in that case we need to use the double negative structure with **no....nunca**:
Nunca he viajado en barco. = *No* he viajado *nunca* en barco.

8. In Spanish it is often said that planting a tree, writing a book and having a child are the three things all of us should do at least once in our lives. Match the questions with the appropriate answers and then, answer them about yourself.

1. Pepe, ¿tú has plantado un árbol alguna vez?

2. ¿Cuántos libros has escrito ya?

3. ¿Tiene usted hijos, Sra. Macías?

a. Dos libros de historia contemporánea y una novela histórica.

b. No, he hecho muchas cosas en mi vida, pero no he tenido hijos.

c. Muchos, porque tengo un jardín muy grande.

Yo ....

....

....

....

....

....

....

....

....

....

Saber and **poder** are both used followed by an infinitive to say what you can do:
¿**Sabes** conducir?   ¿**Puedes** conducir?

Both questions translate as **Can you drive?** in English. However, there is a difference to their meanings.

9. Read these sentences and try to explain, in your own words, when you would use **saber** and when **poder** in Spanish.

1.
- Oye, ¿es verdad que Marta no sabe conducir? Yo siempre he pesando que no le gusta conducir y por eso no lo hace nunca.
- Sí, es verdad. No tiene el carnet y por eso es Ana quien conduce el coche siempre.

2.
- Oye, Marta, ¿puedes conducir tú hoy? Es que estoy muy cansada.
- Pues lo siento, pero no puedo porque no he traído mis gafas.

3.
- Pedro y yo vamos a bailar mañana por la noche, ¿quieres venir con nosotros?
- ¡Qué pena! Me encanta bailar pero no puedo porque ya he quedado con Martín para ir al cine.

4.
- Pedro y yo vamos a bailar mañana por la noche , ¿quieres venir con nosotros?
- ¡Uf, qué va! Yo no sé bailar... ¡Tengo dos pies izquierdos!

We use **saber** + infinitive to ....
....
....

We use **poder** + infinitive to ....
....
....

¿SABES CONDUCIR?

10. Complete these dialogues with the appropriate forms of verbs **saber** and **poder**.

1.
- ¿.................... hablar muchas lenguas?
- Sí, italiano, polaco y un poco de ruso.

2.
- ¿Hablas ruso?
- Sí, pero no .... hablarlo muy a menudo.

3.
- Vivo muy cerca de una piscina municipal, por eso .... nadar todos los días.
- Eso es genial, ¿no?

4.
- Tú .... nadar muy bien, ¿no?
- Pues sí, incluso he competido en algunos campeonatos.

5.
- ¡Qué dibujo tan bonito! ¿Lo has hecho tú?
- No, mi hija. .... dibujar muy bien.

6.
- Papá, no .... dibujar nada porque no tengo papel ni lápiz.
- Aquí tienes una libreta y ahora busco unos lápices.

SAYING HOW (WELL) YOU DO SOMETHING

When we talk about our abilities, we can express the degree to which we perform. We use **bien** and **mal** to say *well* and *badly*.

11. Here are some frequent adverbs and combinations we use in Spanish to talk about the quality of our performance. Can you arrange them from best to worst?

- bien
- fatal
- muy bien
- mal
- bastante mal
- muy mal
- bastante bien

```
+   ■ ....................
    ■ ....................
    ■ ....................
    ■ ....................
    ■ ....................
    ■ ....................
-   ■ ....................
```

12. Now complete the texts below with some of those adverbs. Note that there can be more than one possibility.

1. Mi padre cocina ...*muy bien*...; sin duda, es el mejor cocinero de la familia y mi madre no se queda atrás. Ella también sabe cocinar .... Sin embargo, mi hermano y yo no somos muy buenos en la cocina: se puede decir que yo no cocino .... pero él lo hace .... ¡No sabe hacer ni una tostada!

2.
- ¿Sabes si Ángela ha aprobado el examen de conducir?
- Pues creo que no, la verdad es que no es muy buena conduciendo... vamos, que lo hace .... pero ella quiere aprender y lo sigue intentando.
- Pues me parece muy bien que lo intente, pero es cierto que la gente que conduce .... a menudo son un peligro en la carretera.

13. These are some experiences of different people in their trips. Can you complete the sentences using the appropriate verb in the **pretérito perfecto** and also a direct object pronoun?

conocer

hacer

comer

comprar

bailar

visitar

ver

beber

1. El mejor pastel de chocolate ....*lo*... .....*he comido*..... en un pequeño restaurante de Roma.

2. La mejor cerveza .... en Bruselas.

3. Los recuerdos más exóticos .... en un mercado de Filipinas.

4. El amanecer más bonito .... en una playa de Ibiza.

5. La gente más simpática .... en un pueblo de Tailandia.

6. El museo más interesante .... en Londres.

7. La mejor música .... en Colombia.

8. Las mejores fotos de paisajes .... en Perú.

VOCABULARIO

14. Read the following descriptions and find the adjectives that best suit them. You can use a dictionary.

juerguista   cobarde   perezoso   impuntual   divertido   generoso

1. No me gusta mucho trabajar. Prefiero quedarme en la cama. ....

2. Si me invitan a una fiesta, nunca digo que no. Me encanta salir de noche. ....

3. Creo que es esencial compartir todo lo que tenemos con la gente a la que queremos. ....

4. Me han ofrecido un trabajo en Madrid pero creo que voy a decir que no. ¿Cómo encuentro piso? ¿Qué hago para hacer amigos? Y he oído que por las noches Madrid puede ser peligroso... ....

5. Para mí el concepto del tiempo es algo relativo y por eso nunca llevo reloj. ¿Y qué pasa si llego cinco minutos tarde? ¡No se acaba el mundo! ....

6. La gente dice de mí que soy un poco payaso y siempre me invitan a todas las fiestas porque cuento los mejores chistes. ....

15. When you do not know a word in Spanish, a good technique is trying to explain it with other words. Try to write a description in Spanish for the following adjectives like in the example.

1. Trabajador: *es una persona a la que le gusta mucho trabajar.*
2. Impaciente: ....
3. Egoísta: ....
4. Inteligente: ....

16. Another good strategy when learning new vocabulary is learning adjectives along with their opposites. Match these adjectives with their antonyms (their opposites).

1. valiente
2. tranquilo
3. tímido
4. sencillo
5. generoso
6. fuerte

a. frágil
b. extrovertido
c. egoísta
d. complicado
e. cobarde
f. nervioso

17. These adjectives express bad personality traits. Write their antonyms

desorganizado ➜ ....

desleal ➜ ....

impuntual ➜ ....

impaciente ➜ ....

imperfecto ➜ ....

inestable ➜ ....

inconstante ➜ ....

irresponsable ➜ ....

18. Use the following table to classify the adjectives from the last four activities.

masculino en **-o** y femenino en **-a**	masculino y femenino en **-e**
masculino y femenino en **-ista**	masculino y femenino en **-l**

SONIDOS Y LETRAS

INTONATION

Intonation refers to pitch, or the rising and falling of one's voice. Intonation is important because it can change the meaning of a sentence. In Spanish, normal statements end in a falling pitch:
Me llamo Martín.

Both English and Spanish use a rising intonation to indicate that a sentence is a question. So if you hear a rising pitch in a sentence toward the end, it is probably a question.

Simple yes/no questions always end in a rising pitch, conveying a meaning of uncertainty:
¿Te apetece comer algo?

Questions which elicit information (*¿dónde está la parada del autobús?*, *¿cómo te llamas?*) can end in a rising pitch or in falling pitch. The latter is the same pattern as normal statements, but information questions are never confused with statements because they always begin with question words.
¿A qué hora empiezas a trabajar?

When a question elicits an answer that is a choice between two or more alternatives, the pitch rises with each choice, and then falls with the final option.
¿Cuál prefieres: la roja o la azul?

 19. Listen to these sentences and decide if they are statements (S) or questions (Q).

	S	Q			S	Q
1.				**5.**		
2.				**6.**		
3.				**7.**		
4.				**8.**		

 20. Now listen again and repeat paying special attention to the intonation.

EN COMPARACIÓN

EN ESPAÑOL
1. Una persona impaciente es alguien a quien no le gusta nada esperar.
2.
3. Hemos decidido viajar a Las Vegas para casarnos la próxima semana.
4.
5. Estoy contento con mi trabajo: mi jefe es un poco autoritario, pero mis compañeros son muy simpáticos.
6.
7. Mi novio cocina fatal y por eso le he apuntado a un curso de cocina.
8.

EN INGLÉS
1.
2. We have invited Sandra to the beach but she is not coming because she can't swim.
3.
4. Can you help me with my homework, please?
5.
6. I have never been to Japan but I have visited China twice and Thailand once.
7.
8. In my opinion, a good workmate is generous and responsible.

SI QUIERES MEJORAR TU ESPAÑOL, TE RECOMENDAMOS:

PREPARACIÓN PARA EL DELE

Las claves del nuevo
DELE A1

Las claves del nuevo
DELE A2

GRAMÁTICAS

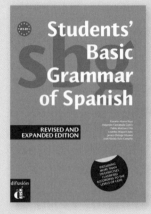

Student's Basic Grammar
of Spanish

Cuadernos de gramática
española A1-B1

LECTURAS GRADUADAS

García Márquez.
Una realidad mágica

Dalí.
El pintor de sueños

Flamenco

Ojalá que te vaya
bonito

Guantanameras